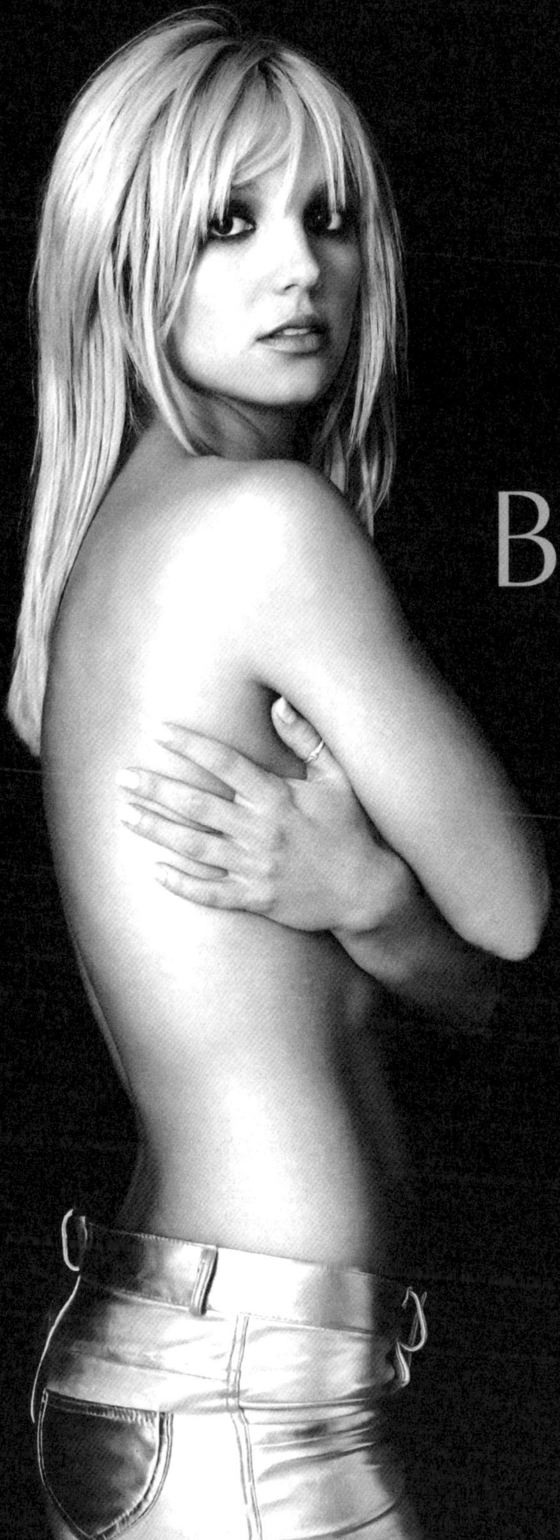

真我
布蘭妮

BRITNEY SPEARS

THE WOMAN IN ME

布蘭妮．斯皮爾斯 著
李佳純、薄文承 譯

prologue

序章

我老家在路易斯安納州，在我家後面寂靜的樹林裡，還是個小女孩的我一個人走了好幾個小時。待在外面讓我感覺充滿活力且危險。在我成長的過程中，我父母親經常吵架，我的父親是個酒鬼，待在家裡時我常常感到害怕，外面也不見得就是天堂，但那是我的世界，不論是天堂還是地獄，那都屬於我。

回家之前，我會沿著一條小路走去鄰居家，路上要穿過一個景觀庭院再經過一個游泳池。他們家有個假山庭園，裡頭滿是柔軟的小石子，那些石子能保存熱量並維持溫暖，貼在皮膚上的感覺很舒服。我躺在這些石頭上仰望著天空，感受著全身上下的溫暖，心想著：我可以活出自己的人生，我可以讓自己的夢想成真。

靜靜地躺在這些石頭上的我感受到了神。

ch.1

第一章

從前在南方養育孩子更重要的是尊重你的父母，把嘴巴閉上。（現在的規矩倒是反過來了，重要的是尊重孩子。）我家絕對不允許與父母的意見相左。不論情況有多糟糕，我知道我都得閉上嘴巴，如果不這麼做，那就得自負後果了。

《聖經》裡說舌頭如同利劍。

我的歌聲就是我的舌頭和我的劍。

我整個童年都在唱歌。在去上舞蹈班的路上，我跟著車上的收音機唱。難過的時候我也唱歌。對我而言，歌唱是崇高的一件事。

我在密西西比州的麥庫姆（McComb）出生，也在那裡上學，住在二十五英里外路易斯安納州的肯特伍德（Kentwood）。

在肯特伍德，每個人都認識彼此，家家戶戶都不鎖家門，社交生活圍繞著教會和各家的庭院派對，孩子們穿著相配的衣服，每個人都知道怎麼用槍。

當地最大的史蹟是摩爾營地（Camp Moore），那是傑佛森・戴維斯（Jefferson Davis）建造的美利堅邦聯（Condeferate）訓練基地。每年感恩節前的週末都會有南北戰爭（Civil War）的重演活動，看到穿著軍服的人們，我們就知道節日即將到來。我很喜歡每年的這個時候，熱巧克力、我們家客廳壁爐的味道、地上秋葉的各種顏色。

我們家有一棟小小的磚房，裡頭鑲著木板並貼著綠色條紋的壁紙。小時候我去索尼克（Sonic）*、開卡丁車和打籃球，就讀一間名叫帕克蘭學院（Parklane Academy）的基督教學校。

我第一次真的被感動到起雞皮疙瘩的經驗，是聽到我們家的女管家在洗衣房唱歌。家裡的衣服都是我在洗和燙的，但在我們家經濟狀況稍優渥時，我媽媽會花錢請人來幫忙。那名女管家唱的是福音音樂，而那簡直是為我打開了一個全新的世界，我永遠不會忘記那首歌。

從那時開始，我對唱歌的渴望與熱情與日俱增。唱歌有種魔力。每當我唱歌時，我就擁有了掌控自己人生的力量，我可以用純粹的方式來表達。在唱歌時，你就不會再用「嗨，你好嗎……」這種日常的口語，你能說出更加深刻的話語。歌唱引領我到一個神祕的地方，語言在那裡不再重要，

* 美國的連鎖速食店。

且任何事都有可能發生。

我只想離開日常的世界，進入那個我能夠不加思索表達自我的領域。當我一個人在想事情時，我的腦海裡就充滿了擔憂和恐懼。而音樂阻擋了那些喧囂的噪音，令我感到自信，帶我進入一個純粹的所在，在那我能夠以我想被人們所看見和聽見的樣子，如實地表達自我。歌唱帶領我進入神聖的境界。只要我在唱歌，就有一半的我並不存在於這個世界。我像其他的孩子一樣在後院裡玩耍，但我的思想、情感和希望卻處於他處。

我努力讓事情按我所想的發展。我在我女生朋友家的後院邊放瑪麗亞·凱莉（Mariah Carey）的歌，邊拍攝一些無厘頭的ＭＶ來搭配歌曲，我是非常認真地在做這件事。到了八歲時，我就覺得自己是個導演了。我所在的小鎮裡似乎沒有人會做這樣的事，但我知道我想要在這個世界上看見什麼，而且我很努力地設法令它成真。

藝術家之所以創作作品和扮演角色是因為他們想要逃到其他遙遠的世界裡，而逃離正是我所需要的。我想要活在自己的夢裡，活在我美妙的虛構世界中，可以的話我絕對不會去想現實。歌唱縮短了現實與幻想之間的距離，也連結了我所生活的世界以及我渴望居住的那個世界。

我的家族世代都充滿各種悲劇。我的中間名來自我的奶奶——艾瑪．珍．斯皮爾斯（Emma Jean Spears），大家都叫她珍。我看過她的照片，也明白為何大家都說我們長得很像，我們有著同樣的金髮和同樣的笑容，她看起來比實際年齡還要更加年輕。

她的丈夫，也就是我的爺爺老瓊．斯皮爾斯（June Spears Sr.），對她很壞。珍因孩子才出生三天就夭折而悲痛萬分，老瓊把珍送到位於曼德維爾（Mandeville）的路易斯安納東南醫院（Southeast Louisiana Hospital），據說那是一間很可怕的精神病院，她在那裡服用鋰鹽。一九六六年，我的奶奶珍在她孩子的墓前用一把獵槍自殺了，當時她三十一歲，距離她孩子去世剛滿八年。我無法想像她當時的悲痛。

南方的人們在談論像老瓊這樣的男人時，總是說「對他來說什麼都不夠好」，說他是個「完美主義者」，或說他是「很積極參與孩子人生的父親」。我或許會說得比較難聽一點。

老瓊是個運動迷，他逼著我父親長時間鍛鍊直到精疲力盡。父親每天結束籃球訓練後，不論他有多累或多餓，他都還得再投一百次籃才能回家。

老瓊是巴頓魯治警察局（Baton Rouge Police Department）的警官，他一生與三名妻子生下了十個孩子。據我所知，沒有人對他前五十年的人生說過半句好話，就連我的家族裡也流傳，斯皮爾斯家的男人通常都很糟糕，他們對待女人的方式尤其令人討厭。

珍並不是唯一一個被老瓊送到曼德維爾的精神病院的妻子，他也把他第二任妻子送到那裡。我父親同父異母的一個妹妹說過，老瓊從她十一歲時就開始對她性暴力，直到她十六歲時離家出走後才結束。

珍去世時我的父親才十三歲。我明白父親之所以這樣對待我和我的兄弟姊妹，有一部份的原因是他的創傷；對他而言，一切永遠都不夠好。我的父親逼著我哥哥在各運動項目上勝過他人。父親酗酒到了無法正常思考的程度，他每次一消失就是好幾天，他喝酒時就會變得非常可怕。

但隨著年齡的增長，老瓊也變得越來越溫和，我再也沒有見到那個虐待我父親和父親手足的惡人，而是看見一個看起來有耐心又和藹的爺爺。

我父親的世界與我母親的世界是完全相反的。

根據我母親的說法，我母親的母親，也就是我的外婆莉莉安·「莉莉」·波特爾（Lilian “Lily” Portell），出生自倫敦一個優雅且高貴的家族，她身上有種人人稱羨的異國情調；她的母親是個英國人，父親則是來自地中海的馬爾他島（island of Malta），叔叔是一名裝訂師傅，她們全家人都會演奏樂器且熱愛歌唱。

在第二次世界大戰期間，莉莉在一場辦給軍人的舞會上，遇見了一個美國士兵，也就是我的外公巴尼·布里奇斯（Barney Bridges），他是將軍的司機，很喜歡開快車。

然而，他帶她一起去美國時，她感到相當失望，她想像的未來生活是和她在倫敦的生活一樣。當她從紐奧良乘車前往他的奶牛場時，她從巴尼的車窗向外望去，對於他那顯得如此空蕩的世界感到不安。「燈都在哪裡呢？」她不停追問她的新婚丈夫。

我有時會想像莉莉乘車穿過路易斯安納州的鄉下，眺望著夜色，意識到她那廣闊且充滿活力與音樂的下午茶時光以及倫敦博物館暢遊生活將不復存在，她的新生活即將變得狹隘又辛苦。她不能去電影院看電影或是去逛街買衣服，她的餘生都得被關在鄉下做飯、打掃和擠牛奶。

所以我的外婆總是獨來獨往，讀了大量的書，還對清潔打掃產生了偏執，且直到去世那天都仍對倫敦念念不忘。我的家人說巴尼不想讓莉莉回到倫敦，因為他覺得如果她去了，就再也不會回家了。

我的母親說莉莉總是想著自己的事而心不在焉，所以常常大家還沒吃完飯，她就開始收拾餐桌了。

我只知道我的外婆很漂亮，我很喜歡模仿她的英國口音，用英國腔說話總令我感到很快樂，因為這會讓我想到她，我時髦的外婆，我想擁有像她一樣的儀態和動人嗓音。

因為莉莉家裡有錢，所以我的母親琳恩（Lynne）、她的哥哥桑尼（Sonny）和姐姐桑德拉（Sandra）都是在人們認為富裕的家庭環境中長大，尤其是以偏遠的路易斯安納州鄉村的標準來看。雖然他們都是新教徒，但我母親讀的是天主教學校。青少年時期的她留著一頭烏黑的短髮，長得很漂亮，她總是穿著鞋跟最高的靴子和最短的裙子去上學，和鎮上的男同志們混在一起，他們會騎摩托車載她出去玩。

我的父親對她很感興趣也是理所當然的了。或許一部份是因為老瓊要他如此努力鍛鍊，我父親在運動上天賦異稟，人們會開上數英里的車，只為了去看他打籃球。

我母親看到他時說，「噢，這個人是誰啊？」

大家都說他們的戀情始於相互吸引和冒險的感覺，但他們的蜜月期在我出生之前就早已結束了。

ch.2

第二章

我的父母親剛結婚時住在肯特伍德的一間小房子。我母親的家庭不再供養她，所以我的父母親相當貧困。他們當時也還很年輕，我母親才二十一歲，而我父親也才二十三歲。一九七七年，我的大哥布萊恩出生了（Bryan）。他們離開了那個一開始的小房子後，買了一棟有著三間小臥房的牧場式住宅。

布萊恩出生之後，我母親就回到學校當老師了。我父親則在煉油廠當焊接工，那是一份相當辛苦的工作，工期會到一個月，有時還長達三個月。他開始酗酒，不久之後我們家就受到了嚴重的影響。根據母親的說法，他們兩人結婚幾年之後，我的外公巴尼死於一場車禍，在那之後我父親就因為喝了太多酒而錯過了布萊恩一歲的生日派對。布萊恩才剛學會走路的那段時期，我父親有次在一場聖誕派對上喝醉了，在聖誕節的早晨不見人影。那一次我母親說她受夠了，便搬去和莉莉住。一九八〇年三月，她提出離婚申請，但老瓊和他的新妻子求她與父親重修舊好，而她照做了。

實際上，有一段時間，一切都相當平靜。我父親不做焊接工了，他開始做起建築生意。後來，費了一番功夫後，他又開始做起了健身房生意，他開的那間健身房叫做「全方位健身房」（Total Fitness），它讓鎮上的一些男人，包含我的叔叔們，都開始有了健身習慣。父親在我們家土地上的一個獨立空間經營健身房生意，數不清的肌肉男出入於那間健身房，在日光燈照射下的鏡子中秀他們的肌肉。

我父親的生意開始賺大錢，他在我們的小鎮中擠身成為最富有的那一群人。我們家會在庭院舉辦盛大的小龍蝦派對，在許多瘋狂的派對上，人們通宵達旦地跳舞。(我一直都覺得那些人能通宵狂歡的秘密是安非他命，因為那是當時的藥物首選。)

我母親則和她的姊姊，也就是我的阿姨桑德拉，一起開了一間日間托兒所。為了鞏固他們的婚姻，我父母又有了第二個孩子，就是我。我出生於一九八一年十二月二日。我母親一有機會就要提起她當時生我時所經歷的那極為痛苦、歷時二十一個小時的分娩過程。

×××

我愛我們家族的女性成員。我的阿姨桑德拉已經有了兩個兒子，但還是在她三十五歲時迎來了一個意外的孩子：我的表妹蘿拉·琳恩（Laura Lynne）。她和我年紀只差幾個月，我們就像雙胞胎一樣，也是彼此最好的朋友。蘿拉·琳恩一直都像是我的妹妹一樣，而桑德拉則是我的第二個母親，她為我感到非常驕傲且總是鼓勵著我。

雖然我的外婆珍早在我出生前就已經去世，但我很幸運有機會能和她的母親相處，也就是我的外曾祖母萊克西．皮爾斯（Lexie Pierce）。萊克西長得非常漂亮，總是化著白白的妝且塗上亮紅的口紅。她是個狠角色，而且隨著年紀增長還變得越來越厲害。有人跟我說她結過七次婚，我一點也不懷疑。七次！她顯然很不喜歡她的女婿瓊，但在她的女兒珍去世後，她還是堅持照顧著我的父親和他的兄弟姊妹，還有她的外曾孫女。

萊克西和我非常親。我兒時最深刻且最快樂的回憶就是與她共同度過的那些時光，我們會一起過夜，而且是只有我們兩個人。晚上，我們把她的化妝台裡的東西一樣樣拿起來看。早上，她為我做一頓豐盛的早餐。她住在隔壁的好朋友會來家裡作客，我們一起聽萊克西收藏的一九五〇年代抒情慢歌唱片。白天，萊克西和我一起打盹。我最喜歡在她身旁慢慢睡著，聞著她臉上的蜜粉味和香水味，聽著她愈發深沉且有規律的呼吸聲。

有一天，萊克西和我去租了一部電影。我們開車離開錄影帶出租店時，她的車撞上了另一台車，然後卡在一個洞裡動彈不得，後來是一台拖車來解救我們，那次意外嚇壞了我的母親。從那之後，我就不被允許和我的外曾祖母一起玩了。

「那根本也不算什麼嚴重的事故嘛！」我這麼對我母親說。我求著要和萊克西見面，她是我最喜歡的人。

「不行，她恐怕已經老糊塗了，」我母親說。「妳單獨和她待在一起已經不安全了。」

從此之後，我雖然還能在我們家見到她，但卻再也不能坐她的車，也不能和她一起過夜了。這對我而言是個重大的損失，我不明白和我愛的人在一起怎麼會被認為是件危險的事。

在那個年紀，除了與萊克西待在一起，我最喜歡的事就是躲在櫃子裡。「布蘭妮跑哪去了？」成了家裡的玩笑話。在我阿姨家，我總是不見蹤影，所有人都在到處找我。就在他們開始感到緊張時，他們打開櫃子的門，而我就在那裡。

我肯定是想要他們來找我。多年來我都喜歡這樣躲起來。

躲起來是我引人注意的一個方法。我也喜歡跳舞和唱歌，我在教會的唱詩班裡唱歌，且每週六和週間的三個晚上會去上舞蹈課。後來我又在路易斯安納州的卡溫頓（Covington）上體操課，那裡離我家大約一小時的車程。我對於唱歌跳舞和雜技表演情有獨鍾。

在小學的職業日那天，我說我以後要當律師，但我的鄰居和老師們都開始說我「註定要去百老匯」，最後我也接受了自己這「小小藝人」的身分。

我三歲時參加了第一次舞蹈表演，四歲時第一次獨唱〈奇妙聖嬰〉(What Child Is This?)，那是為了我母親托兒所的一個聖誕節活動而唱的歌。

我想要躲起來，但又想要被人看見，這兩件事都是真的。我縮在陰涼黑暗的櫃子裡，覺得自己渺小得近乎要消失不見了。但當所有人的目光都聚集在我身上時，我又變成了另一個人，成為了一個能夠掌握全局的人。當我穿著白色緊身衣高歌一曲，我覺得沒有什麼事是不可能的。

ch.3

第三章

「琳恩女士！琳恩女士！」那個男孩喊著，他氣喘吁吁地在我們家大門口說，「妳得過來！現在就來！」

在我四歲時的某天，我坐在我們家客廳的沙發上，身旁一邊是我母親，另一邊是我的朋友辛蒂（Cindy）。肯特伍德就像是肥皂劇裡會出現的那種小鎮，總是充滿著戲劇性。我聽著辛蒂正喋喋不休地向我母親說著最近的八卦，試著跟上他們的對話，就在此時家門突然被打開了。單看那男孩臉上的表情，我就知道有什麼可怕的事情發生了，心裡一沉。

我跟我母親拔腿狂奔。那條路才剛重新鋪好，我就這樣赤著腳在發燙的黑色柏油路上奔跑。

「哎唷！哎唷！哎唷！」我每跑一步就喊一聲。我低頭看向我的雙腳，只見腳上黏滿了柏油。

最後我們來到了我哥哥布萊恩和他鄰居朋友們在玩耍的那塊田地。他們試圖開四輪越野車越過那些高長的雜草，這對他們來說似乎是個絕妙的點子，因為他們都是笨蛋。在高高的草叢間他們當然看不見彼此，於是就迎面相撞了。

我當時肯定目睹了事發後的場景，聽見了布萊恩痛苦的叫喊聲和我母親害怕的尖叫聲，但我什麼也不記得了。我想是老天讓我昏了過去，這樣我就不會記得當時的痛苦與恐懼，還有我哥哥全身骨折的身軀。

有架直升機將他空運到醫院。

幾天後我去探望布萊恩時，他全身都打著石膏。在我看來，他幾乎全身的骨頭都斷了。對當時還是個孩子的我來說，最令我深刻難忘的是他必須從石膏上的一個洞小便。

另一件令我不得不注意到的是整個病房裡滿滿的都是玩具。他能夠活下來，我的父母親都很感恩，也替他感到非常難過，所以他康復期間的每一天都像是聖誕節。我母親因為愧疚而處處迎合遷就著我哥哥，她至今都還是很順從他。有趣的是，這麼短短的一瞬間就能永遠改變家人之間的互動關係。

那次意外讓我和我哥哥的關係更加親密，我對他的苦痛有著真誠且真切的體認，我們之間的羈絆也從中建立而成。他一出院回家，我就在他的身邊寸步不離，我每晚都睡在他旁邊。因為他全身都還打著石膏，所以他不能睡在自己的床上，於是他有了一張特製的床，而他們只能在那張床的床腳替我鋪上一張小床墊。有時候我會爬到他的床上，就只是抱著他。

他的石膏拆掉後，我還是繼續跟他睡同一張床好幾年。雖然當時我還只是個小女孩，但我知道我哥的生活過得相當艱難，除了那場意外，父親又對他非常嚴厲。我希望能給他一些慰藉。

就這樣過了幾年後，我母親最後還是跟我說，「布蘭妮，妳已經快要六年級了，妳得開始自己一個人睡覺了！」

我說我不要。

我就是個長不大的孩子，我不想要一個人睡。但她很堅持，最終我不得不讓步。

我開始待在自己的房間後，就喜歡上了擁有自己空間的感覺，但我和我哥的關係還是相當緊密。他愛我，我也非常愛他，因為他，我對他有種很親密且想要保護的愛。我不希望他再受到任何傷害，我已經看他受了太多苦。

隨著我哥哥逐漸康復，我們開始積極參與社區活動。由於我們住的是一個人口只有幾千人的小鎮，所以每年鎮上的所有人都會在懺悔節（Mardi Gras）、獨立紀念日（Fourth of July）和聖誕節時分別舉辦的三大遊行活動來幫忙，整個小鎮都期待著這些節慶遊行。排滿街道兩旁的人們面帶微笑、揮舞雙手，在這一天將生活中的各種誇張離奇的事都拋在一旁，享受看著鄰居們緩緩漫步走過三十八號公路（Highway 38）。

有一年，我們一群小孩子決定裝飾一輛高爾夫球車，並把它帶到懺悔節的遊行隊伍中。大概有八個孩子在高爾夫球車上，這數量顯然是太多了，有三個人坐在長椅上、兩個人站在兩旁扶著小小的車頂，還有一、兩個人站在車子後頭搖搖晃晃。車子乘載的重量太重了，輪胎都快要扁掉了。我們都穿著十九世紀的服裝；我甚至已經不記得為什麼要這樣打扮了。我坐在前面塊頭較大的孩子們的腿上，向群眾揮揮手。問題是這麼多小孩子擠在一台高爾夫球車上，輪胎又要沒氣了，車子就變得難以控制，再加上陣陣的笑鬧、揮手的動作，還有亢奮的精力……呃，雖然我們只撞到前頭的車子幾次而已，但這已經足以讓我們被趕出遊行隊伍了。

ch.4

第四章

我父親又再次開始酗酒時，他的事業也開始走下坡了。缺錢的壓力又因為我父親極度喜怒無常的混亂情緒而加重。我特別害怕和他待在同一台車上，因為他會一邊開車一邊自言自語，而我聽不懂他在說些什麼，他似乎沉浸在自己的世界裡頭。

當時的我就知道，父親想要藉酒澆愁是有理由的，他的工作壓力太大了。現在我更清楚地意識到，那是他在忍受了他父親老瓊多年的虐待後，所進行的一種自我療傷方式。然而，當時我並不明白他為何對我們這麼嚴苛，為什麼我們所做的一切似乎在他眼中都還不夠好。

最令我難過的是，我一直想要的是一個愛著原本的我的父親，一個會對我說「我就是愛妳，妳現在要做任何事都好，我還是會無條件地愛著妳」的人。

我的父親對我粗暴、冷漠，而且很兇，但對布萊恩卻更甚，他極力逼著哥哥在各項運動中取得好成績，咄咄逼人得太殘忍了。布萊恩那些年來的生活過得比我還苦得多，因為我們的父親讓他接受了如同老瓊在逼他做的殘酷訓練。布萊恩被迫去打籃球和踢足球，但他其實並沒有從事那些運動的天分。

我父親也辱罵我母親，但他又愛喝酒，一喝就是好幾天不回家。坦白說，他不在家對我們來說反而是好事。我更喜歡他不在的時候。

他待在家會讓家裡的氣氛變得特別糟糕，因為我母親會跟他大吵一整晚。他醉到根本不能說話，我不曉得他是否還能聽到母親在講話，但我們能聽見。布萊恩和我不得不承受著她憤怒所帶來的後果，那意味著我們整夜都睡不了，她尖叫大喊的聲音迴盪在屋子裡。

我會穿著睡袍衝到客廳，求她「給他吃點東西就好，然後讓他上床去睡覺！他生病了！」

她是在跟這個根本沒有意識的人吵架，但她就是不聽。我會氣沖沖地回到床上，怒瞪著天花板，聽著她大吼大叫，在心裡默默咒罵她。

這難道不是糟透了嗎？喝醉的人是他，是因為他酗酒才讓我們家變得這麼窮困，他也是那個昏睡在椅子上的人。但最後最令我生氣的卻是母親，因為至少在那些時刻，父親是安靜的。我很想睡覺，而她就是不肯閉嘴。

儘管每天晚上都有這些鬧劇，但在白天，我母親還是讓我們家成為一個我的朋友們會想來的地方，至少在我父親尊重我們而去別的地方喝酒的時候是如此。住在附近的孩子們會來我們家玩。這樣說好了，我們家還挺酷的。家裡有個高吧台桌，四周放著十二張椅子。而我母親就是個典型的南方年輕媽媽，經常聊些八卦雜事，總是和她的朋友們在吧台邊抽菸（她抽的菸是維珍妮細菸〔Virginia Slims〕，也就是我現在抽的菸），或是打電話和她們聊天。沒有人要理我。年紀較大的孩子會坐在電視機前的吧台椅上打電動。而我是最小的那一個；我不會打電動，所以我總是得努力引起其他人的注意。

我們家就像是個動物園。我總是在茶几上跳舞，好引起其他人的注意，而我媽總是追著當時年紀還小的布萊恩，越過沙發試著抓住他，才能在他向她頂嘴後打他屁股。我總是太過於亢奮，試圖將年紀較大的孩子們的目光從客廳的螢幕轉到我身上，或是讓大人們停止在廚房裡的對話。

「布蘭妮，停下來！」我母親會這樣大喊。「有客人在！別鬧了，乖一點。」

但我不會理她，我總會想盡辦法來引起眾人的注意。

ch.5

第五章

我個子不高，話也不多，但我在唱歌時，就會變得活潑起來。我上過許多體操課，所以我很懂得如何擺動身體。我在五歲時參加了一場地方上的舞蹈比賽，我的才藝表演是戴著一頂大禮帽，一邊轉著手杖一邊跳一段舞蹈動作，而我得獎了。後來我母親就帶著我參加地方上大大小小的比賽。在那些老照片和影片中，我穿著非常滑稽的服裝。在我三年級的音樂劇上，我穿著一件寬鬆的紫色T恤，頭上戴著一個大大的紫色蝴蝶結，看起來就像是個聖誕禮物一樣，那打扮真是太可怕了。

我在才藝表演巡迴中一路過關斬將，贏得了巴頓魯治區域比賽的冠軍。沒過多久，我的父母就將眼光放得更遠，那不是我們在學校體育館裡得的獎能比得上的。他們在報紙上看到了《全新米老鼠俱樂部》（The All New Mickey Mouse Club）的公開徵選廣告，他們覺得不如就去試試看。我們開了八個小時的車去到亞特蘭大，那裡有超過兩千個孩子，我必須從中脫穎而出，尤其是我們到了那邊才知道，他們只收十歲以上的孩子。

選角指導，一個名叫馬特．卡塞拉（Matt Casella）的男人，問我幾歲時，我開口就回答「八歲」，然後我想到十歲的年齡限制，才改口說：「九歲！」

他眼帶懷疑地看著我。

在試鏡時，我一邊唱著〈甜喬治亞布朗〉（Sweet Georgia Brown），一邊跳著一段舞蹈，還加入一些體操的翻滾動作。

他們將來自全國各地的數千名參賽者篩選到只剩幾個孩子，包括一個比我大幾歲的漂亮加州女孩，她叫做凱莉．羅素（Keri Russell）。

一個來自賓州名叫克莉絲汀．阿奎萊拉（Christina Aguilera）的女孩和我被告知，雖然我們落選了，但我們很有天賦。馬特說等我們年齡再大一些、經驗也再豐富一點，或許就能上節目了。他告訴我母親，他覺得我們應該要去紐約工作，建議我們去找一位他欣賞的經紀人，他能夠幫助年輕演員在戲劇圈起步。

我們並沒有馬上出發，而是在路易斯安納州待了大概六個月，我還去萊克西的海鮮餐廳「奶奶的海鮮熟食」（Granny's Seafood and Deli）幫忙，在那打工當服務生。

那餐廳裡有股難聞的魚腥味，但那裡的食物太棒了，好吃得不得了。於是那裡也成了孩子們的新去處。我哥哥高中時和他朋友常常在餐廳內場喝得醉醺醺的。與此同時，九歲的我則在外場清洗甲殼類海鮮，端上一盤盤的食物，穿著我可愛的小小服裝認真地跳舞。

我母親把我的影片寄給了馬特推薦的經紀人南西．卡森（Nancy Carson），影片裡是我在唱〈閃耀吧，收穫月〉（Shine On, Harvest Moon），這招奏效了：她邀請我們去紐約和她見面。

我在南西位於曼哈頓中城（Midtown Manhattan）二十層樓高的辦公室裡唱了一首歌給她聽後，我們就搭美鐵（Amtrak）回家了。我正式與一個演藝經紀人簽約了。

我們回去路易斯安納州後沒過多久，我的妹妹潔美．琳恩（Jamie Lynn）就出生了。蘿拉．琳恩和我花上好幾個小時在兒童遊戲室裡跟她玩，彷彿她是我們的一個娃娃一樣。

我母親帶著寶寶回到家幾天之後，我正忙著準備參加舞蹈比賽，她卻開始做些奇怪的舉動。她正要縫我服裝上的一個小裂口，但在用針線縫衣服時，她突然站起身把那件衣服丟到一旁，似乎不知道自己在做什麼。老實說那套服裝醜死了，但我必須穿那件衣服去參加比賽。

「媽媽！妳為什麼把我的服裝丟掉？」我問。

然後突然間我就看到了血，到處都是血。

她生完孩子後，傷口沒有完全縫好，她流血不止。我尖叫著去找我父親。「她怎麼了？」我大叫，「她到底怎麼了？」

父親連忙開車送她去醫院。一路上，我不斷地哭喊著，「媽媽一定不能有事！」

那時我才九歲。對任何人來說，看到自己母親身上流出一條血河，都是段痛苦且難忘的回憶，但對那個年紀的孩子來說，這實在是太可怕了，我從來沒見過那麼多血。

我們一到醫師那，我感覺他們才花了兩秒鐘就把她的傷口處理好了。大家甚至看起來也都不怎麼緊張，產後出血顯然並不是多麼罕見的狀況，但當時的場景卻深深地留在我的記憶裡。

在上體操課的時候，我總是會確認我母親是否就在窗外等著我下課，這成了一種本能反應，我必須這麼做才會感到安心。但有一天我如往常向窗外確認時，卻發現她不在那裡。我整個人驚慌失措，她離開了，她走了！可能永遠都不回來了！我跪在地板上開始嚎啕大哭，看到我那樣子，你或許會以為是有誰過世了。

我的老師急忙跑來安慰我。「親愛的，她會回來的！」她說。「沒事的！她可能只是去一趟沃爾瑪商場（Walmart）而已！」

結果還真的就是這樣：我母親去了一趟沃爾瑪。但這樣不行，我沒辦法接受她離開。她回來看到我這麼難過，之後她就再也沒有在我上課時離開那窗邊了。而且在接下來的那幾年，她也從未離開我的身邊。

我是個有著遠大夢想的小女孩。我想成為像瑪丹娜（Madonna）、桃莉・巴頓（Dolly Parton）或惠妮・休斯頓（Whitney Houston）那樣的明星。我也有些比較簡單平凡的夢想，不過那些夢想似乎更難以實現，我得費勁全力才敢將它們大聲說出來：**我希望我父親不要喝酒了，我希望我母親不要大吼大叫，我希望大家都能好好的。**

在我們家，一切隨時都有可能出問題。待在家裡的我沒有絲毫力量，只有在舞台上表演的時候，我才真的是無所不能。在曼哈頓的一間會議室裡，我站在一個能實現我夢想的女人面前，至少有這麼一件事是我能完全掌控的。

ch.6

第六章

我在十歲那年受邀成為《尋星》（Star Search）節目的參賽者。

在第一集節目中，我大膽翻唱了一首曾聽過的茱蒂·嘉蘭（Judy Garland）的歌：〈我不在乎〉（I Don't Care），我得到了三點七五顆星的分數。我的對手是個唱歌劇的女孩，她拿到三點五顆星，於是我晉級到了下一輪。當天稍後就開始錄製下一集節目了，我的對手是個打著保羅領帶†、頭上噴了很多髮膠的十二歲男孩，他名叫馬蒂·湯瑪斯（Marty Thomas）。我們處得還不錯，甚至在錄節目前還一起去打籃球。我唱的是賈德二人組（Judds）的〈愛能搭起橋樑〉（Love Can Build a Bridge），那首歌我前一年曾在我阿姨的婚禮上唱過。

在等待分數出爐的時間，我和馬蒂在台上接受主持人艾德·麥克馬洪（Ed McMahon）的訪問。

「我上星期就注意到了，妳有一雙非常討人喜愛的漂亮眼睛，」他對我說。

† Bolo Tie，起源於美國西部，是一種搭配在脖子上的金屬或寶石配飾，一般常見以皮繩和金飾或銀飾組合而成。

「妳有男朋友嗎?」

「沒有,先生。」我回答。

「為什麼沒有?」

「他們很壞。」

「男朋友?」艾德說。「妳是說所有男孩都很壞嗎?我就不壞呀!我怎麼樣?」

「嗯……要看狀況,」我說。

「常有人這樣跟我說,」艾德說。

我又拿到了三點七五顆星,而馬蒂拿到了滿分四顆星。我面帶微笑禮貌地擁抱他,我要離開時,艾德還祝我好運。回到後台之前我都一直保持鎮靜,但後來我就哭了出來,之後,我母親買了一個熱巧克力聖代給我。

我跟我母親不斷搭飛機往返紐約，在紐約工作的強度讓還是個小女孩的我感到興奮不已，但也令我感到緊張害怕。

我得到一份工作：在外百老匯的音樂劇《殘忍小魔女！》(Ruthless!) 中擔任候補演員，那齣劇的靈感來自《孬種不正》(The Bad Seed)、《彗星美人》(All About Eve)、《瑪姆》(Mame) 和《玫瑰舞后》(Gypsy)。我在劇中扮演一個叫做蒂娜．丹麥 (Tina Denmark) 的反社會童星。蒂娜的第一首歌叫做〈生為演藝〉(Born to Entertain)，那首歌很打中我。而另一位候補演員則是個才華洋溢的年輕女演員，她叫做娜塔莉．波曼 (Natalie Portman)。

在音樂劇演出期間，我跟還是個小嬰兒的潔美．琳恩，還有我母親，在我就讀的公立中學，專業表演藝術學校 (Professional Performing Arts School) 的附近，租了一間小公寓，我們就住在那。我還在那附近的百老匯舞蹈中心 (Broadway Dance Center) 上課，但大部分的時間我都在下城的演員劇場 (Players Theatre) 裡度過。

那段經歷在某種程度上驗證了我的才華，也證明了我擁有足以在戲劇界立足的才能。但我當時行程排得非常滿，因為我幾乎每天都得要工作，所以我沒有時間當個普通的孩子，也沒有時間真的去交些朋友。每個星期六都有兩場演出。

我也不喜歡當個替補演員。我每晚都得在劇院待到半夜十二點，以備我要接替當時主演蒂娜這個角色的蘿拉．貝爾．邦迪（Laura Bell Bundy）。幾個月後，她離開了劇團，我接下了主演的位置，但當時的我已經累壞了。

聖誕節快到的時候，我很想要回家，然後我才知道聖誕節當天我也要表演。我哭著問我母親，「我真的聖誕節那天還要工作嗎？」我看著我們家公寓裡的那棵迷你聖誕樹，心裡想著我們肯特伍德家裡的客廳會有棵結實的長青樹。

在我這個小女孩的心中，我不明白自己為什麼要在假期間繼續表演，所以我放棄了那場表演，然後回家了。

紐約市劇院的日程安排對那個年紀的我來說太難熬了，不過那也有個益處：我學會如何在聲音傳播效果不佳的劇院裡唱歌。觀眾就在你的身邊，整個空間也就只有兩百個人。老實說，感覺還挺奇怪的，但身處那樣的空間時，唱起歌來的體驗更加強烈，近距離接觸觀眾也給人一種特殊的感覺，他們的活力也讓我更有力量。

有了那些經驗，我再度參加了《全新米老鼠俱樂部》的試鏡。

在肯特伍德等待《全新米老鼠俱樂部》回音的同時，我在帕克蘭學院就讀，還成為了籃球隊的控球後衛。以十一歲孩子的標準來看，我個頭很小，但我會跑戰術。人們都以為我是啦啦隊隊員，但我從來沒參加過啦啦隊。我偶爾也會跳跳舞，但在學校裡我想打球，所以儘管我身高不高，我還是去打籃球。我有一件很大的二十五號球衣，那尺寸對我來說太大了，我就像是隻小老鼠一樣在球場上飛快地鑽來鑽去。

我有一陣子暗戀一個十五、十六歲的籃球員，他的三分球每投必中，而且看起來相當輕鬆寫意。人們會從很遠的地方來看他打球，就像當年也有人會來看我父親打球一樣。他很厲害，雖然還比不上我父親，但還是挺有打球的天分。

我很佩服他和那些比我高的朋友們。我最擅長的是在對方球員運球時抄走球，向前場衝刺，然後上籃得分。

我很喜歡在球場上穿梭於對手之間的快感。比賽沒有制式的劇本且完全無法預測的那種感覺讓我覺得自己充滿活力。我太過嬌小且可愛，所以沒有人注意到我過來了。

這和在紐約市的舞台上完全不一樣，但在球場明亮的燈光下，等待掌聲響起，是我僅次於表演的第二摯愛。

ch.7

第七章

我在第二次《全新米老鼠俱樂部》試鏡中被錄取了。那位人很好、叫我母親去找南西當我經紀人的選角指導馬特，認為我已經準備好了。

參加這個節目就像是身處演藝圈的新兵訓練營：有密集的舞蹈排練、歌唱課、表演課和錄音時間，同時我還得去上學。米老鼠小童星（Mouseketeers）很快就以我們共用的化妝間為界，分成了幾個小團體：克莉絲汀・阿奎萊拉和我是年紀較小的孩子，我們和另一個女孩妮基・迪洛許（Nikki DeLoach）共用一間化妝間。我們仰慕著那些年紀較長的孩子，像是凱莉・羅素、萊恩・葛斯林（Ryan Gosling）和東尼・盧卡（Tony Lucca），我覺得東尼很帥。後來我很快就跟一個叫做賈斯汀・汀布萊克（Justin Timberlake）的男孩關係變得很好。

我們在奧蘭多的迪士尼世界度假區（Disney World）錄節目，母親跟當時才兩歲的潔美・琳恩也和我一起去。在白天的休息時間，我們節目成員會一起去玩遊樂設施並到處閒晃。老實說這根本就是孩子們的夢想，簡直是好玩得不得了，尤其是對像我這樣的孩子來說。但錄那節目也是相當辛苦的工作：我們一天要排練三十次舞蹈，力求所有動作都完美無缺。

唯一不愉快的時刻是，節目才剛開拍沒多久，我們就接到電話告知，我的外婆莉莉過世了，她可能是因為心臟病發作或是中風，在游泳時於泳池裡溺水身亡。我們沒有錢搭飛機回家參加葬禮，但賈斯汀的母親琳恩．哈利斯（Lynn Harless）人很好，借我們錢買機票。這是家人會做的事，而節目中的那些孩子和他們的家長都成為了一家人。

有一天，東尼正在找一頂服裝人員遺留在女更衣室裡的帽子，然後他走進我們的化妝間。他一走進來，我的心幾乎要跳了出來。他是我的暗戀對象，我不敢相信他就這樣走進了我的化妝間！我小小的一顆心怦怦直跳。

還有一次在一場留宿派對上，我們在玩真心話大冒險，然後賈斯汀的大冒險被指定要親我。他傾身親我時，背景正播著珍娜．傑克森（Janet Jackson）的歌曲。

那讓我想起了三年級時在圖書館裡第一次跟男生牽手的場景，那次牽手對我來說意義相當重大，那是如此地真實且強烈。那是第一次有人把我當戀愛對象，感覺就像一種美妙的叛逆行為。我們在看電影的時候，教室電燈關著，我們把手藏在桌子底下，這樣就不會被老師看到了。

在《全新米老鼠俱樂部》的時光是段美好的經歷，讓我踏入了電視圈。在節目中的表演點燃了我的熱情，從那時候開始，我就知道自己未來想繼續做我在那做的事，也就是唱歌和跳舞。

一年半之後，節目結束了，我許多同期的演員夥伴們都去了紐約或洛杉磯，繼續追逐他們的夢想，但我決定回去肯特伍德。當時的我內心相當掙扎：一部分的我想要繼續築夢，另一部份的我則想要留在路易斯安納州過著平凡的日子。在我心中有那麼一刻，想過平凡生活的渴望勝過了追逐夢想。

回到家鄉後，我又回到了帕克蘭學院，回歸到正常的青少年生活，或者說是在我的家庭中最接近「正常」的狀態。

為了找樂子，從我八年級開始，我會跟我母親從肯特伍德開兩個小時的車去密西西比州的比洛克西（Biloxi），我們在那裡喝著黛綺莉（daiquiris），我們將這種調酒稱作「托迪酒」（toddies）。我很喜歡偶爾能跟她一起喝酒，我們喝酒的方式和我父親完全不同。他喝了酒就會變得更加鬱悶且封閉，而我們是會變得更加快樂、更有活力且更勇於冒險。

我和母親以及妹妹一起去的海灘之旅，是我們之間最美好的一段時光。開車的路上我會喝一點白色俄羅斯（White Russian）。對我來說，這種調酒喝起來的味道就像冰淇淋一樣。當其中冰塊、鮮奶油和糖的比例恰到好處，又沒有加太多酒時，那就是我最愛的瓊漿玉液。

我跟我妹有著相配的泳衣和燙髮造型。在現在這個時代給小小孩燙髮基本上是違法的，但在九〇年代，那麼做簡直是可愛死了。三歲的潔美．琳恩就像個洋娃娃一樣，而且是史上最瘋狂且最可愛的小孩。

這就是我們愛做的事。我們去比洛克西、喝酒、去海邊玩，然後快樂地回家。我們玩得很開心。即使在一片黑暗之中，我的童年還是充滿許多歡樂時光。

十三歲時，我會跟我母親一起喝酒，跟朋友一起抽菸。我的第一支菸是在一個「壞」朋友家裡抽的。我的其他朋友都是些宅宅，但這個朋友很受歡迎：她的姊姊是高年級的學生，她總是畫著完美的妝容，男生們都繞著她打轉。

她帶我到一間小屋裡，然後遞給我我人生的第一支菸。雖然那只是菸草，但我還是感覺很嗨。我記得我當時在想，**我會死掉嗎？這種感覺會消失嗎？這種感覺什麼時候才會不見？**我一抽完我的第一根菸，馬上就想要再抽下一根了。

我偷抽菸一直都沒被我母親發現，但有一天她要我開車載我們回家，從商店沿著通往我們家的那條道路回去的路上（我也是從十三歲開始開車），她那時候突然開始聞著車裡的空氣。

「我聞到菸味了！」她說，「妳是不是偷抽菸？」

她迅速地從方向盤上抓起我的一隻手，拉到她面前聞一聞。就在她這麼做的同時，我沒抓穩方向盤，然後整台車就衝出了路面，我感覺周遭的一切都在以慢動作進行。我回頭一看，只見小潔美．琳恩整個人倒著被壓在座位上：她有繫著安全帶，但人並沒有坐在兒童安全座椅上。我們在以體感極為緩慢的速度旋轉時，我一直在想，我們要死了，我們要死了，我們要死了。

然後，砰的一聲！車屁股撞上了一根電線桿。

我們那樣的撞車方式簡直是個奇蹟，如果我們是向前撞上電線桿，那我們早就從擋風玻璃飛出去了。我母親跳下車就開始大吼大叫，罵我撞了車，喊路過的車來幫忙，抱怨著竟會發生這種事。

所幸沒有人受傷，我們三個人都平安無事。更棒的是：我母親把她抓到我抽菸這件事忘得一乾二淨。青少年不可以抽菸嗎？隨便啦，我們可是差點連命都沒了！從那之後，她就再也沒提過這件事了。

×××

有一天，學校六年級的幾個男生約我在下課休息時去他們的更衣室抽菸。我是唯一一個被他們找來一起抽菸的女生，我從未感覺自己那麼酷過。好在男生更衣室有兩扇門，其中一扇門通往室外。我還記得我們擠在敞開的門前，這樣煙就能散出去，我們也不會被抓到了。

去那抽菸變成了我的例行公事，但並沒有維持太久。過了一陣子，我決定試試看在沒有男生的時候自己抽菸。那次我跟我最好的女生朋友一起去女生更衣室抽菸，但那更衣室只有一扇門。闖大禍了，我們被逮個正著，然後被送到校長室去。

「妳們剛剛在抽菸嗎？」校長問道。

「沒有！」我說。我最好的朋友伸過手來偷偷用力捏了我的手一下。顯然校長並不相信我，但你知道嗎？不知為何結果我們只是被警告了一下就沒事了。

後來我朋友還說，「我說真的，布蘭妮，妳是我這輩子見過最不會說謊的人了。下次讓我來回答吧，求妳了。」

我在那年紀時，不僅會喝酒還會抽菸；在戀愛方面也挺早熟的，我曾深深暗戀一個總是會在我那「壞」朋友家廝混的男孩。他當時大概十八、十九歲，而且還有一個女朋友，是個男孩子氣的女生。他們當時真的很配，是我們學校的風雲情侶檔。我希望他能夠看我一眼，但我並不抱太大的期待，畢竟我比他小了五歲。

有一天晚上，我在我那「壞」朋友家過夜。毫無預兆地，我暗戀的那個男生在大半夜溜進了他家，那時大概是凌晨三點鐘。我原本睡在沙發上，醒來發現他坐在我的身旁，開始吻起了我，然後我們就在沙發上親熱了起來。

我心想，現在這是怎樣？這彷彿是某種降神會，好像是我把他變出來的一樣！我簡直不敢相信，我的暗戀對象就這樣憑空出現，還開始和我親熱，而且那過程還挺美好的，他就只有吻我，除此之外什麼也沒有做。

那一年我喜歡上許多我哥那一群男生朋友中的人。布萊恩小時候怪得很有趣，這是正面稱讚的意思。不過升到高年級後，他就成為了學校裡的風雲人物，是個狠角色。

他讀十二年級的那年，我開始和他最好的朋友交往，並把我的第一次給了他。

當時九年級的我年紀還算小，而那個男生已經十七歲了。我和他的感情最後花了我很多時間，我會如往常一樣早上七點去上學，但在下午一點左右的午餐時間離校，一整個下午都和他待在一起，然後他會在學校放學時載我回去。我就若無其事地坐上校車回家，彷彿什麼事都沒發生過一樣。

結果我母親就接到了學校辦公室的電話，說我曠課十七天，必須要去補課。

我母親說，「妳是怎麼辦到的？妳怎麼有辦法離開學校？」

「哦，我偽造了妳的簽名，」我說。

我和那個男生的年齡差距顯然是太大了（現在看來令人無法接受），所以一向非常保護我的哥哥就開始很討厭他。當布萊恩發現我偷偷溜出學校去找他朋友時，他就向我們爸媽告了我的狀。作為懲罰，我得整天提著一個桶子在家附近到處撿垃圾，像公路上會看到的那些囚犯一樣。我邊哭邊撿垃圾的同時，布萊恩就跟在我的後頭拍照。

撇開這類的時刻不談，我那段時期的生活是如此平凡又美好：參加返校日和畢業舞會，在我們的小鎮上開車兜風，去看電影。

然而，事實上我很想念表演。我母親一直跟一位在我巡迴試鏡時認識的律師有聯絡，他名叫賴瑞．魯道夫（Larry Rudolph），我母親有時會打電話向他尋求商業建議，她也將我唱歌的影片寄給他，而他建議我錄製一份試聽帶。他手上有一首唐妮．布蕾斯頓（Toni Braxton）為她第二張專輯錄製但最後被刪掉的歌曲，那首歌叫做〈今天〉（Today），他把歌寄給我，我把歌學起來，然後在離我們家一個半小時車程的紐奧良一間錄音室裡，錄製完成這首歌。這個試聽帶將成為我進入唱片公司的敲門磚。

大概在那時期，賈斯汀和另一個米老鼠小童星傑西．契西（JC Chasez），被湊在一起組成了一個名叫超級男孩（NSYNC）的新男子團體。與我同一個化妝間的同期童星演員妮基，也加入了一個女子團體。但在跟我母親討論過後，我們決定我要單飛出道。

賴瑞播了我的試聽帶給一些紐約的唱片公司高層聽後，他們說想看看我有何能耐，於是我穿上了我的小高跟鞋和可愛的小洋裝，回到了紐約。

我曾試著回去當個平凡普通的青少年，但我失敗了。我還是渴望著更多。

ch.8

第八章

我心想，這個男人是誰？我不知道，但我挺喜歡他的辦公室，也超愛他的狗。他是個身材矮小的老男人，充滿精力，我猜他大概有六十五歲了（其實他才五十幾歲）。

賴瑞告訴我，這個男人是個叫做克萊夫．考爾德（Clive Calder）的大人物。我並不知道他是做什麼的。如果我一開始就知道他是創辦了傑夫唱片公司（Jive Records）的唱片界高層，或許我會更加緊張。但當時我反而只是感到很好奇，而且一見到面就挺喜歡他這個人。

他有一間宏偉壯觀的三層樓辦公大樓，那辦公室裡有一隻茶杯犬，我當時甚至不知道世上有這品種的狗，我發誓，那是這世上最小且最貴重的東西了。我一走進門，看到那間辦公室和那隻狗，就感覺自己來到了一個平行宇宙。眼前的一切令我的眼界為之大開，我走進了一個奇妙而美好的夢境之中。

「嗨，布蘭妮！」他非常雀躍且熱情地說，「妳好嗎？」

他表現得自己好像是某個手握大權的秘密協會成員，他的南非口音讓他聽起來像老電影裡的人物，在現實生活中，我從未聽過別人那樣說話。

他讓我抱起他的狗，抱著這隻小動物時，我感到懷裡非常溫暖，我環視著這間巨大的辦公室，笑得合不攏嘴。在那一刻，我的夢想有了一個新的起點。

除了那份試聽帶之外，我還沒有錄製任何歌曲，我只是去拜訪賴瑞要我去見的那些人。我知道我應該要去為唱片公司的高層唱首歌，而且我也知道我很想在那個人身邊待久一點，他與我夢想成為的樣子很接近。如果說他上輩子是我的叔叔，我也不會感到意外。我想跟他一直維持著親密度。

是因為他的笑容，那聰明、機靈且睿智的笑容，他是個有著神祕笑容的男人，我永遠不會忘記他的笑容。和他待在一起時我非常開心，即便我這趟紐約行只是得到了一個機會，去認識像這樣的一個人，一個相信著我的人，我也覺得這趟來得太值得了。

但我的一天還沒有結束，賴瑞帶著我到處拜訪唱片界高層，我走進了一間間滿是高層人士的房間，並唱起了惠妮・休斯頓的〈我一無所有〉(I Have Nothing)。我看著滿屋子西裝革履的男人們，他們上下打量著身穿小洋裝和高跟鞋的我，我放聲歌唱。

克萊夫當下就將我簽下，於是我就在十五歲時，與傑夫唱片公司簽了一份唱片合約。

我母親當時在肯特伍德的學校教二年級的學生，而潔米・琳恩年紀也還小，所以就讓我們的家庭友人菲莉西亞・庫洛塔（Felicia Culotta）陪著我到處跑，我都叫她「菲小姐」（"Miss Fe"）。

唱片公司希望我能馬上進錄音室，他們把菲和我安頓在紐約市的一間公寓裡，我們每天開車去紐澤西。我會走進錄音室，在身兼製作人和詞曲創作者的艾瑞克・佛斯特・懷特（Eric Foster White）面前唱歌，他曾與惠妮・休斯頓合作過。

老實說，當時我毫無頭緒，我不知道發生了什麼事，我只知道自己很喜歡唱歌和跳舞，所以無論何方神聖下凡來替我安排歌唱或舞蹈表演，我都會去。如果有人能替我安排一些節目，以大眾能夠接受的形式來展現我這個人，那我已經準備好了。我不知道究竟發生了什麼事，但老天施展了魔法，我就在紐澤西錄專輯。

我唱歌的那間錄音室在地下室，一踏進去後，除了自己的歌聲，就什麼也聽不見了。我錄音錄了好幾個月，都沒有走出那間錄音室。

馬不停蹄的工作結束後，我去別人家裡參加烤肉派對。那時候的我非常少女，總是穿著洋裝和高跟鞋。我在那裡和別人聊天，想給人留下好印象。有一次我要跑去叫菲莉西亞，帶她到陽台，我沒想到陽台那還有一扇紗門，就直接迎面撞上去，我的鼻子撞到紗門上，然後整個人就往後倒，所有人抬頭一看只見我倒在地板上摸著我的鼻子。

那個當下我有夠尷尬的，真的超尷尬……

我站起身，然後有人說，「妳知道那裡有扇紗門吧。」

「我知道，謝謝，」我說。

當然，在場的眾人都笑得人仰馬翻。

我當時尷尬死了。在我開始錄音的第一年所發生的所有事情中，這是我印象最深刻的一件事，說來還挺好笑的對吧？而且那已經是二十五年前的事了！我當下超級崩潰！但老實說，我更感到驚訝，因為我不知道那裡有扇紗門。這件事讓我覺得，我或許在那個錄音室裡錄音太久了。

我在紐澤西待了大約一年左右，第一張專輯的籌備工作也進行得差不多了。後來突然有個高層人士告訴我，「妳必須見見這位來自瑞典的製作人，他真的很厲害，寫了很多很酷的歌曲。」

「好啊，」我說。「他曾跟誰合作過呢？」

我不知道當時毫無經驗的我怎麼會問這個問題，但我那時已經開始對自己的歌曲有明確的想法了。我也做了一些調查，才得知當時的他就曾幫新好男孩（Backstreet Boys）、蘿蘋（Robyn），和布萊恩・亞當斯（Bryan Adams）做過歌。

「好呀，」我說，「我們見一面吧。」

馬克斯・馬丁（Max Martin）飛來紐約，然後我們進行了一場晚餐會議，只有我和他兩個人，沒有其他助理或是唱片公司的人。雖然因為我的年紀還小，所以我身邊通常都會有經紀人跟著，但這次他們希望我能自己去見他。我們入座後，有個服務生走過來並問道，「我能為您做些什麼嗎？」

不知道怎麼搞的，有根蠟燭翻倒了，讓整張桌子都著了火。

我們當時是在紐約市最高檔的那種餐廳，結果我們的桌子就這樣燒起了一道火牆，從「我能為您做些什麼嗎?」到燒出火牆，這中間相隔還不到一秒鐘的時間。

馬克斯和我驚恐地看著彼此。「我們現在應該要離開了，對吧?」他說。

他有股奇妙的魅力。後來我們就開始合作共事了。

我飛到瑞典錄製歌曲，但我幾乎感覺不到那裡和紐澤西有何區別：我只不過是在另一間錄音室罷了。

菲莉西亞會進門來並問道，「妳要喝杯咖啡嗎?我們去休息一下吧!」

我會趕她出去，我一工作就是連續好幾個小時，我非常敬業，不會離開錄音室。如果你那時候認識我，你會好幾天聽不到我的任何消息，我會盡可能地一直待在錄音室裡。如果有人希望我可以出去一下，我會說，「我唱得還不夠完美。」

在我們錄〈愛的初告白〉（Baby One More Time）的前一天晚上，我在聽軟細胞合唱團（Soft

Cell）的〈被玷汙的愛〉（Tainted Love），然後愛上了那種嗓音。我熬夜到很晚，這樣疲憊地進錄音室，我的嗓音就會有氣泡音‡的效果，結果這真的奏效了。我在錄音時，聲音變得低沉沙啞，聽起來更加成熟且性感。

抓到訣竅之後，我就變得很專注在錄音上。馬克斯聽了我的意見，我說我希望自己的聲音能更有R&B曲風的感覺，不要那麼像淺顯直接的流行樂，他就懂我的意思了，並且幫我做到了。

後來，所有的歌都錄完之後，有人說，「妳還能做什麼嗎？妳現在想要跳舞嗎？」

我說，「我想跳舞嗎？當然了，我想跳！」

‡ 氣泡音（vocal fry）是空氣緩慢通過鬆弛的聲門而產生的一種聲音，透過這種發聲方式能發出比起真聲還要更加低沉的音。

ch.9

第九章

唱片公司向我提出了〈愛的初告白〉MV的概念，我將在其中扮演一個具有未來感的太空人。在我看到的模擬影片中，我看起來像是個金剛戰士（Power Ranger），我對那樣的形象毫無共鳴，感覺我的觀眾也不會喜歡。我告訴唱片公司的高層，我覺得人們會希望看到我跟我的朋友們百無聊賴地坐在學校教室裡，然後下課鐘聲一響，砰——我們就開始跳舞。

設計過的舞蹈編排讓我們的動作都非常流暢，而且大部分的舞者都來自紐約市，這也有所助益。在流行舞曲界有兩大陣營，大多數人會說洛杉磯的舞者比較厲害，我並非要對他們不敬，但我心裡一直更偏好紐約的舞者——他們更有靈魂。我們在百老匯舞蹈中心排練舞蹈，我小時候曾在那裡上過課，所以我在那感到很自在。傑夫唱片公司的高層貝瑞．韋斯（Barry Weiss）來到練習室時，我在他面前大顯身手。在那一刻，我向他展現了我的能耐。

那首歌的MV導演奈傑爾．迪克（Nigel Dick）樂於採納我的點子，除了用學校的鐘聲作為舞蹈開始的引子外，我還補充說，最重要的是要有些可愛的男生。我還覺得我們應該要穿學校制服，如此一來，當我們一換上便服在外面開始跳舞，會顯得更刺激。我們甚至還讓菲小姐來演我的老師，看到她戴著宅女眼鏡並穿著土氣過時的教師服裝，我覺得很好笑。

拍攝這部MV是做這第一張專輯中最有趣的一部份，或許也是我這一生中對音樂最有熱情的時刻。我還沒成名，即便搞砸了，我也沒有任何損失。當個無名小卒是如此地自由，我可以看向那些從未見過我的人們，心想：你們還不知道我是誰。我不必在乎自己是否做錯了什麼，這種感覺令我感到很自由。

對我來說，表演並不只是擺擺姿勢和掛上微笑。在舞台上，我就像是個馳騁於球場上的籃球員。

我有球感和本事，我無所畏懼，我知道何時該出手。

從那個夏天開始，傑夫唱片公司派我去各大商場百貨巡迴宣傳，我跑了大概二十六間購物中心！跑這種宣傳活動可一點都不好玩，還沒有人知道我是誰，我得試著向那些並不感興趣的人們推銷自己。

我的行為舉止相當單純且天真，而且那也並不是裝出來的，我並不知道自己在幹什麼，我只是說著，「嘿，哈囉！我的歌很棒喔！你們一定要聽聽看！」

在MV發佈之前，沒多少人知道我長什麼樣子。但到了九月底，那首歌就在廣播節目中播出了。一九九八年十月二十三日，在我十六歲時，〈愛的初告白〉單曲發布了，下一個月則是該曲的MV首播。一夕之間，我走到哪都會被人認出來。一九九九年一月十二日，我的專輯發行了並迅速賣出超過一千萬張。我的首張專輯空降美國告示牌兩百大專輯榜（Billboard 200）的第一名，我成為第一位單曲和專輯同時空降冠軍的女歌手。我太開心了，而且我能感覺到自己的人生拓展開來，我再也不必在購物商場裡表演了。

事情發展得很快。我和超級男孩（包含我在米老鼠俱樂部的老朋友賈斯汀．汀布萊克）一起搭一台巡迴巴士去進行巡迴演出。我當時總是和我的舞者群、菲莉西亞，或是我兩個經紀人（賴瑞．魯道夫和強尼．萊特〔Johnny Wright〕）中的其中一人待在一塊，我還獲派一個叫做大羅伯（Big Rob）的保鏢，他對我超級好。

我成為MTV台節目《互動全方位》(Total Request Live）的固定來賓。《滾石》(Rolling Stone）音樂雜誌還派大衛．拉夏培爾（David LaChapelle）到路易斯安納州拍我，當作四月刊的雜誌封面故事《內心深處，一個夢幻少女的心房與臥房》（“Inside the Heart, Mind & Bedroom of a Teen Dream”）。那期雜誌出刊後，封面照片引發了爭議，因為封面上穿著內衣並拿著一隻天線寶寶娃娃的我凸顯了我是多麼地年輕。我母親似乎也很擔心，但我知道我還想和大衛．拉夏培爾合作。

每一天都是全新的一天，我認識了許多有趣的人！就在〈愛的初告白〉問世時，我在紐約的一場派對上認識了創作歌手寶拉．寇爾（Paula Cole），她大概比我大了十四歲。天哪，我那時超崇拜她，起初只是因為她的外表，她的個子極為嬌小，還有著一頭及背的棕色捲髮。我根本不知道她是誰，只知道她漂亮極了，她擁有絕佳的外貌和不可思議的活力。

幾年後我才知道我喜愛的歌曲就是她唱的。我第一次聽見她的歌聲時，覺得她的長相和聲音完全對不上。在〈感受愛〉（Feelin' Love）中，她那天使般的臉孔配上極為淫穢的歌詞；在〈迫不及待〉（I Don't Want to Wait），她那嬌小的身軀配上充滿力量的歌聲，讓我了解到，女人打破了人們的期待時多麼有力量。

ch.10

第十章

賈斯汀・汀布萊克和我在《全新米老鼠俱樂部》節目結束後都還持續保持著聯絡，我們也在超級男孩的巡迴演出中共度了美好的時光。在那麼年輕的時候共同經歷了那些，讓我們的感情迅速升溫。我們有很多共同點，在巡迴表演期間我們會見面，也開始在演出前後一起出去玩。我很快就意識到自己已經深深愛上他了，愛到無法自拔的地步。

他的母親甚至還說過，只要他和我待在同一個場所，我們就像是磁鐵一樣，會立刻找到對方並黏在一起。人們很難理解我們的相處方式，老實說是很奇怪，我們怎麼會那麼深深相愛。他身處的男團超級男孩當時被人們說「很潮」。他們都是白人男孩，卻都喜歡嘻哈音樂，在我看來這就是他們和新好男孩的差別，新好男孩似乎很有意識地將自己定位成白人團體，而超級男孩會和那些黑人歌手們混在一起，有時我還會覺得他們太刻意想要融入其中。有一天，賈斯汀和我在紐約，我們去了城裡一些我沒去過的地方，走在我們前面有個戴著閃亮金項鍊的大塊頭男人，他身旁還跟著兩個身材高大的保鏢。

賈斯汀非常興奮，他大聲地喊，「哦耶，好欸，好欸！吉納文(Ginuwiiiiine)！兄弟，你好嗎？」

吉納文走了之後，菲莉西亞模仿賈斯汀剛剛說話的方式：「哦耶，好欸，好欸！吉納文！」

賈斯汀甚至也不覺得尷尬，他只是默默接受揶揄並看著她，好像在說「好啦菲，去你的。」

那次逛街他買了他的第一條項鍊，是個大寫的T字，代表他的姓汀布萊克（Timberlake）。

我很難像他那般無憂無慮。我不禁注意到，那些脫口秀主持人問他的問題和他們問我的問題並不一樣。所有人都不斷對我的胸部做各種奇怪的評論，想要知道我是否做過隆乳手術。

媒體可能會讓人感到不舒服且不自在，但在頒獎典禮上，我感受到真正的快樂。在MTV音樂錄影帶大獎（MTV Video Music Awards）的頒獎典禮上，我第一次見到史密斯飛船（Aerosmith）的史蒂芬．泰勒（Steven Tyler），我內心像個孩子的那一面為此興奮不已，我看到姍姍來遲的他穿著一件非比尋常的服裝，看起來像是巫師的斗篷，我整個人驚呆了，親眼看到他本人的感覺好不真實。藍尼．克羅維茲（Lenny Kravitz）也遲到，看到他，我心想，**又是另一個傳奇！我目光所及之處都是不得了的傳奇人物。**

之後我開始在世界各地遇到瑪丹娜，我在德國和義大利表演，最後我們在某個歐洲的頒獎典禮上表演，我們會像朋友一般和彼此打招呼。

在某一場頒獎典禮，我敲了瑪麗亞・凱莉化妝間的門，她打開門時，這世上最美麗且超凡脫俗的光從中照耀出來。你知道我們現在都有環形補光燈了嗎？但在二十年前，只有瑪麗亞・凱莉有在用那種燈。所以不行，我不能只叫她的姓。對我而言，她永遠都是瑪麗亞・凱莉。

我問她，我能不能跟她合照一張，然後想在我們站的地方直接拍張照，但她說，「不行！站到這來，親愛的。這邊的光才對，我這一邊的臉比較上相。女孩，你站這邊，這樣我才能拍到我比較上相的那一邊。」她用她低沉而優美的嗓音不斷地說著：「我這面比較上相，女孩。我這面比較上相，女孩。」

我照著瑪麗亞・凱莉所說的做，然後我們合照了。當然了，她說的完全正確，拍出來的照片看起來太棒了。我記得我那晚贏了一個獎項，但我現在甚至想不起來是什麼獎了。與瑪麗亞・凱莉的那張完美合照就是我真正得到的大獎。

那段時期，我不斷打破各種紀錄，成為史上專輯最暢銷的女歌手之一，人們一直稱我為流行樂公主（Princess of Pop）。

在二〇〇〇年的ＭＴＶ音樂錄影帶大獎的頒獎典禮上，我唱了滾石樂團（Rolling Stones）的〈無法滿足〉（〔I Can't Get No〕 Satisfaction），然後又唱了〈愛的再告白〉（Oops! ... I Did It Again），我也從西裝和禮帽換成亮晶晶的比基尼和緊身褲，一頭長髮也放了下來。那段舞蹈表演是由韋德．羅布森（Wade Robson）編排，他總是知道該如何讓我看起來既強大又有女人味。在歌曲間奏的舞蹈橋段，我在籠子裡跳舞時，擺出各種姿勢，讓我在氣勢洶洶的表演中看起來很有女人味。

後來ＭＴＶ台讓我坐在螢幕前看時代廣場上的陌生人評論我的表演，其中有些人說我的表演很精彩，但似乎也有很多人注意到的是我暴露的穿著，他們說我穿得「太性感」了，變成了孩子們的壞榜樣。

攝影機鏡頭對準著我，等著看我對這些批評會有什麼反應，是能好好消化接受，還是會哭出來。我想知道，我做錯了什麼嗎？我只不過是在一場頒獎典禮上使出渾身解數跳舞，我從來沒說過自己是個模範生，我想要的只不過是唱歌和跳舞。

ＭＴＶ節目的主持人還不斷推波助瀾，問我怎麼看那些批評者說我正在帶壞美國的年輕人。

最後，我說，「有些人的評論真的很貼心……但我並不是孩童的家長，我只能做我自己，我知道有些人不喜歡我，我知道不是所有人都會喜歡我。」

這令我感到震驚，而這也是我第一次真正經歷這樣持續多年的批評聲浪。我感覺每次打開娛樂節目來看，就會看到有人批評我，說我「很假」。

我一直都不太清楚這些批評者到底認為我應該怎麼做，是要我仿效巴布·狄倫（Bob Dylan）嗎？我只是個來自美國南方的少女。我在簽名時會畫上一顆愛心，我喜歡讓自己看起來很可愛。在我只不過還是個少女的時期，為什麼所有人都把我當成了危險人物呢？

與此同時，我也開始注意到觀眾裡頭有越來越多較為年長的男性，令我感到很害怕的是，有時候看到他們色瞇瞇地看著我，好像我是他們心目中的蘿莉塔一般，尤其是似乎沒有人認為我可以同時性感且能幹，或是同時火辣又有才華。如果我很性感，他們似乎就覺得我一定很蠢。如果我很火辣，那我就不可能有才華。

我希望那時候我就知道桃莉·巴頓的那句玩笑話：「我不會被那些關於無腦金髮美女的笑話冒

犯到，因為我知道自己並不無腦，而且我也知道自己不是金髮。」我真正的髮色是黑色。

為了設法保護我的心不受批評的傷害，並將我的注意力放在真正重要的事物上，我開始閱讀宗教相關的書籍，像是尼爾·唐納·沃許（Neale Donald Walsch）的《與神對話》(Conversations with God）系列作品，我也開始服用百憂解（Prozac)。

XXX

當〈愛的再告白〉發行時，我已經是個家喻戶曉的人物了，並且能夠掌控我的演藝事業。大概在我進行第一次愛的再告白世界巡迴演出的那段時間，我已經有能力出錢替我母親蓋一棟新房子，並且還清我父親的債務了，我希望讓他們能重新開始。

ch.11

第十一章

我幾乎沒有什麼時間可以排練，在只有一週時間做準備的情況下，我在二〇〇一年的超級盃中場秀（Super Bowl halftime show）上，與史密斯飛船、瑪麗．布萊姬（Mary J. Blige）、尼力（Nelly）還有超級男孩同台演出。賈斯汀和他的團員們戴著能夠噴出火花的特製手套！我在唱〈走這邊〉（Walk This Way）時，穿著一套性感版的美式足球衣，一件閃亮亮的銀色褲子搭上露肚臍的短版上衣，一隻手還套著運動襪。在演出開始之前，我被帶到史蒂芬．泰勒的拖車休息室裡和他見面，他的活力很不可思議：他是我的偶像。我們的演出結束後，體育場放起了煙火。

那次的超級盃中場秀只是在我身上發生的無窮好事之一。我在《富比士》（Forbes）雜誌的最具權勢名人榜上榮登「最有權勢的女人」（most powerful woman）的寶座，隔一年我又榮獲《富比士》最具權勢名人榜的榜首。我了解到，八卦小報靠拍我的照片賺了很多錢，一些雜誌報社幾乎都是靠我在吃飯，我也開始接到一些驚人的邀約。

在二〇〇一年MTV音樂錄影帶大獎的頒獎典禮上，預計要我演唱〈愛情奴隸〉（I'm a Slave 4 U），還決定要用一條蛇來當作我表演的道具，後來那成為了MTV音樂錄影帶大獎典禮史上標誌性的一刻，但當下的狀況其實遠比表面上看起來還要更可怕。

我第一次看到那條蛇是他們把蛇帶到曼哈頓大都會歌劇院（Metropolitan Opera House）的後台小房間時，我們要在那歌劇院進行表演。把蛇交給我的女孩甚至個頭比我還要小，她看起來非常年輕，且個子也極為嬌小，留著一頭金髮。我簡直不敢相信他們沒有派個大塊頭來負責這工作——我記得我當時就在想，**你們竟然讓我們兩個小不點來應付這條大蛇……？**

但我們沒有辦法，也只能硬著頭皮上了：她舉起那條蛇，把它舉過我的頭上並盤繞在我肩膀上。老實說，我當時有點害怕，那條蛇很巨大，身上斑紋有黃有白，還皺巴巴的，看起來很噁心。不過沒關係的，那個把蛇交給我的女孩就在那裡，旁邊還有訓蛇師和其他一些人。

然而，當我真的必須在舞台上與這條蛇一同進行表演時，一切都不一樣了。在舞台上的我處於表演的狀態中：我穿著表演服裝，且台上除了我以外也沒有其他人了。那個小不點又再次來到我身旁，把那巨大的蛇交給我，而我只敢低頭看著地板，因為我覺得如果我抬頭看到牠的眼睛，牠就會殺了我。

我在心裡默念，就表演吧，用上雙腿表演吧。但沒有人知道我在唱歌時，那條蛇把它的頭湊到我的面前，就正對著我，然後開始對我發出嘶嘶聲。電視畫面上看不到這一段，但在現實中呢？我當時心裡想著，你他媽現在是在跟我開玩笑嗎？那條該死的臭蛇還在對我吐舌頭，現在，就是現在。最後我終於是撐到把那條蛇交回去了，謝天謝地。

隔天晚上，也就是九一一事件發生前幾天，我在麥迪遜花園廣場（Madison Square Garden）和麥可・傑克森（Michael Jackson）同台合唱了〈再多幾次〉（The Way You Make Me Feel），慶祝他單飛演藝生涯三十週年。我穿著高跟鞋在舞台上來回走動，全場的觀眾都陷入了瘋狂，有一瞬間我感覺全場兩萬名觀眾好像都在和我們一起歌唱。

百事可樂（Pepsi）找我去拍他們的廣告。在〈百事之樂〉（The Joy of Pepsi）中，我一開始扮演一個送貨司機，後來跳了一大段舞蹈。在〈時不時〉（Now and Then）中，我穿上不同年代的可愛服裝。在八〇年代的部分，我化妝成羅伯・帕瑪（Robert Palmer）的樣子，唱了一首〈就是無法抗拒〉（Simply Irresistible）。我花了四個小時在做妝髮，但他們還是沒能把我變得夠像是個男人。但在五〇年代的部分，我很喜歡在免下車餐廳前跳舞的那段，我頂著貝蒂娃娃（Betty Boop）的髮型。我以各種不同風格的造型演出，我很驚嘆這些廣告片段能做得這麼精采。

×××

我出演的第一部電影是由珊達·萊梅斯（Shonda Rhimes）編劇並由坦拉·黛維絲（Tamra Davis）執導的《布蘭妮要怎樣》（Crossroads）。電影拍攝的時間是在二〇〇一年的三月，那陣子我也正在錄製《布蘭妮》那張專輯。在電影中，我演的是一個名叫露西·華格納（Lucy Wagner）的「好女孩」，那次的演出經驗對我來說相當不容易，我的問題與參與製作的任何人都無關，而是在於表演對我精神與內心的影響。我想我那時開始採用了方法演技（Method acting），只是我不知道該如何脫離我所扮演的角色，我真的就變成了戲裡的那個人。有些人會用方法演技來演戲，但他們通常都會知道自己正在扮演一個角色，而我卻完全無法與角色分離。

說來尷尬，但那就彷彿是有一團雲或是什麼東西壟罩著我，而我就這樣變成了這個叫做露西的女孩。攝影機開著時，我就是她，然後就變成不論攝影機開關與否，我都分不出有何不同了。我知道這聽起來很蠢，但這是事實，我太認真看待演戲了，認真到賈斯汀會說，「妳為什麼要那樣子走路？妳是誰啊？」

我只能說還好露西是個好女孩，她在詩中寫說她自己「不是女孩，也還不是女人」，也還好她不是什麼連環殺人犯。

結果我走路和說話的方式都改變了，行為舉止也變得不一樣了。在拍攝《布蘭妮要怎樣》的那幾個月裡，我都是另外一個人。即便到了今天，我相信當年和我一起拍那部電影的其他女孩們都會覺得，她有點……怪怪的。她們這麼想也是沒錯。

那時的我還是個小孩子，就像那電影中的角色一樣。我應該在鏡頭前扮演我自己就好，但我太想要演好這個角色了，所以一直想要深入這個角色的內心。我這一生一直都是我自己，而且我想嘗試一些不同的東西！我當時應該對自己說，這是部青少年公路電影，並沒有那麼深奧。老實說，只要好好享受那過程就好。

電影殺青之後，我在洛杉磯一間夜店的一個女生朋友來找我。我們去了CVS藥局，我向老天發誓，我走進店裡，邊買東西邊跟她聊天，然後我才終於變回了我自己。當我再次走到外頭，我就已經擺脫了那部電影施下的魔咒，這實在是太奇怪了。我的小小靈魂又再回到了我的身體裡，那次和朋友一起去買化妝品就像是揮揮魔杖施展了魔法一樣。

然後我就覺得很生氣。

我心想，天哪，我過去這幾個月都在幹什麼啊？我是誰？

那差不多就是我演員生涯的開始與結束，我如釋重負。《手札情緣》（The Notebook）女主角的選角最後剩下我和瑞秋．麥亞當斯（Rachel McAdams），而雖然和萊恩．葛斯林在《米老鼠俱樂部》結束後再續前緣應該會很有趣，但我還是慶幸自己最後沒有出演。如果我去演了，我就不會做我的《流行禁區》（In the Zone）專輯了，我會整天都過得像個一九四〇年代的女繼承人一樣。

我敢肯定問題主要是因為那是我第一次演戲。我想在戲劇圈中很多人也有碰過類似的問題，他們難以將自己與角色切分開來，但我覺得他們還是能客觀理性地面對這狀況，我希望自己再也不會碰到這種職業傷害了。一半是自己，而另一半是虛構的角色，那樣子的生活簡直是一團亂，時間久了，你就再也不知道何謂真實了。

ch.12

第十二章

回憶起那段時光，我簡直是活在夢中，實現了我自己的夢想。我的巡迴表演遍跡全世界，二〇〇一年一月在第三屆的搖滾里約（Rock in Rio）音樂祭上的表演是我在巡演中最快樂的一個時刻。

在巴西，我感覺自己被解放了，從某些面向看來就像個孩子一樣，我同時是個女人和孩子。當時的我無所畏懼，且充滿衝勁與魄力。

晚上我跟我的舞者（一共有八人，兩個女生，其餘都是男生），去海裡裸泳，我們一起唱歌跳舞並放聲大笑。我們在月光下暢聊了好幾個小時，當時的月色實在是太美了。累得精疲力盡後，我們就去蒸氣室，又在那聊了一會兒。

我當時還可以做點逾矩的事，像是跑去裸泳還有熬夜聊天一整晚，其實也都不算太過份，那是種叛逆和自由的滋味，我只不過是在玩而已，在當個十九歲的孩子。

就在我的專輯《布蘭妮》於二〇〇一年發行後，我馬上開始了夢中巡迴演唱會（Dream Within a Dream Tour），這是我的第四次巡迴演出，也是我最愛的一次巡演。每一個在舞台上的夜晚，我都要與鏡中的自己對抗，這聽起來或許感覺是種隱喻之類的東西。但那鏡子的橋段只是一首歌的表演而已。表演中還有飛行！還有一艘古埃及木船！還有一座叢林！雷射光！雪！

韋德．羅布森擔任舞台監督並為巡演編舞，而我也由衷讚揚共同籌備這整場表演的所有人，我覺得這次巡演節目的構思相當精巧。韋德的編排概念是要反映出我人生中這個全新且更為成熟的階段，表演的布景與服裝都很有巧思。有人懂得該如何替我做造型時，我總是心存感激。

他們用高明的手法把我呈現為一個明星，而我知道自己欠了他們一份情。他們刻畫我的方式展示出他們尊重我的藝術家身分。這次巡迴演出的幕後團隊十分優秀，是我迄今為止最棒的一次巡演。

這正是我們所有人所希望的。我付出了非常多努力才能走到這一步。在《愛的初告白》發行之前，我曾做過商場巡演，然後《愛的初告白》的巡迴演出是我第一次看到台下有那麼多的觀眾，我還記得當時的感覺是，哇，我現在是個有頭有臉的人物了。後來《愛的再告白》的巡演規模又更大了一些，到了我進行夢中巡迴演唱會時，這一路來實在太神奇了。

╳╳╳

到了二〇〇二年的春天，我已經主持過兩次《周六夜現場》(Saturday Night Live，SNL)，在節目上的殖民博物館歷史重演中扮演一個攪拌奶油的女孩，與吉米．法隆（Jimmy Fallon）和瑞秋．德拉奇（Rachel Dratch）演對手戲。然後還有扮演過芭比（Barbie）的小妹史基普（Skipper），與扮演芭比的艾米．波勒（Amy Poehler）演對手戲。我是該節目有史以來，在同一集中同時擔任客座主持和表演嘉賓最年輕的一人。

大概在那段時期，有人問我是否願意出演一齣音樂劇電影。在演了《布蘭妮要怎樣》後，我不確定自己是否還想要再演戲，但這部電影還挺吸引我的，是《芝加哥》(Chicago)。

參與電影製作的高層人士來到我表演的場地，問我是否願意接演這部電影。我當時已經推掉了三、四部電影，因為我還沉浸在舞台上表演的時光，我不想要分心離開音樂，我正在做的事讓我很開心。

但現在回想起來，我覺得在是否接演《芝加哥》一事上，我應該要接下才對。那時的我有影響力，我真希望我當時能更深思熟慮地去運用我的影響力，也希望自己當時更叛逆一點。出演《芝加哥》本來應該會很有趣的，電影裡都是在跳舞，而那正是我最愛的那種電影：結合了俏皮可愛的元素以及自信大膽的動作，具有小野貓（Pussycat Doll）那種大膽且性感的風格，也反抗了傳統的規範與期待。我真希望當初自己有接下那次邀演。

我本來可以扮演殺了一個男人的反派角色，還可以邊唱歌跳舞邊那麼做。

我或許能想方設法去接受訓練，不要讓自己演完《芝加哥》就變成劇中的角色，像在演《布蘭妮要怎樣》時變成露西那樣。我真希望當初的自己有去嘗試些不一樣的東西，要是我有足夠的勇氣去跨出自己的舒適圈，做更多不侷限於自己所知範圍內的事情就好了。但我很努力不打亂現狀，且就算遇到令我不快的事情也不抱怨。

在我的私生活中，我是如此地幸福快樂。賈斯汀跟我在奧蘭多同居，我們共住一間漂亮且通風的兩層樓房，房子有著瓦片屋頂，後面還有一個游泳池。儘管我們工作都很忙，我們都還是會盡量騰出時間一起待在家裡。我總是每隔幾個月就回家一次，這樣賈斯汀和我就能一塊待個兩週，有時甚至一待就是兩個月。那裡就是我們的基地。

有一週，我的家人飛來看我們，當時的潔美．琳恩還很小，我們一起去了位於奧蘭多波因特

(Pointe）的 FAO 史瓦茲玩具店（FAO Schwarz）。店家為了我們關閉了整間店，我的妹妹得到了一輛車門可以打開的迷你敞篷車，那台車介於真車和卡丁車之間。我們設法把它帶回了肯特伍德，而她就開著那輛車在家附近到處兜風亂晃，直到她長大後對這不再感興趣。

沒有什麼能與那孩子開著那輛車的畫面比擬——這個可愛的小女孩開著一輛迷你紅色賓士（Mercedes）四處晃，這會是你這輩子見過最可愛的畫面了。我發誓，那景象簡直難以置信。

我們都是這樣對待潔美．琳恩的：當她看到了喜歡的東西，如果她想要，就會買給她。在我看來，她的世界就是亞莉安娜．格蘭德（Ariana Grande）的歌曲〈七枚鑽戒〉（7 Rings）的真人版寫照。在我成長的過程，我們家沒有什麼錢。我最寶貝的東西就是我的亞歷山大夫人（Madame Alexander）娃娃，這系列的娃娃有很多款，它們的眼皮可以上下動，而且它們都有名字，有些是虛構人物，像是郝思嘉（Scarlett O'Hara）§，有些是歷史人物，像伊莉莎白女王（Queen Elizabeth）。我有《小婦人》（Little Women）裡的那些女孩。我得到我的第十五個娃娃時，開心到你會以為我是中了樂透！

§ 小說《飄》（Gone with the Wind）中的女主角。

那是我人生中的一段美好時光。我與賈斯汀深深相愛，我愛死他了。我不知道年輕人的愛情是不是不一樣，但我和賈斯汀之間的情感很特別，他甚至不用為我說什麼或做什麼，就能讓我覺得自己和他很親近。

在南方，母親們喜歡把孩子集合起來然後說，「聽著，我們今天要去教堂，大家穿的顏色要相配。」我和賈斯汀參加二〇〇一年的全美音樂獎（American Music Awards）時就是這麼做，我和LL酷J（LL Cool J）共同主持那場頒獎典禮。我不敢相信賈斯汀打算要穿丹寧單品，我當時就說，「我們應該要配合一下穿搭！我們來穿全身丹寧吧！」

老實說，我一開始只把這當作開玩笑，我沒想到我的造型師真的就這麼做了，我也沒有想到賈斯汀會跟我一起這麼做，但他們都豁出去了。

造型師帶來了賈斯汀的全套丹寧服裝，包含與他的牛仔外套和牛仔褲相襯的一頂丹寧帽子。當他戴上帽子時，我心想，哇，我想我們是真的要這麼做了！

我跟賈斯汀總是一起參加各種活動，我們在青少年票選獎（Teen Choice Awards）的頒獎典禮上玩得很開心，我們也經常在服裝穿搭上做顏色搭配。但我們搞砸了那次的全身丹寧穿搭，那天晚上，我的緊身內搭衣讓我被自己的牛仔禮服勒得緊緊的，緊到我都要摔倒了。

我知道那套服裝很俗氣，但其實那服裝本身還是挺好看的，我也總是很開心看到有人萬聖節的打扮是模仿那套穿搭。我曾聽說賈斯汀因為那套裝扮而受到嚴厲的批評。在某個 podcast 節目中，主持人拿這個來揶揄他，他說，「你還年輕且在談戀愛時，就什麼事都做得出來。」這說得完全沒錯。我們當時被愛沖昏了頭，而那些服裝也反映了這一點。

在我們交往的期間，我曾經兩次發現賈斯汀對我不忠，儘管小報似乎一心要在我的傷口上灑鹽，但因為我是如此迷戀且深愛著他，我就都算了。超級男孩二〇〇〇年去倫敦時，狗仔拍到他和聖女合唱團（All Saints）的一個成員在同一台車上，但我什麼也沒說，那時我們才在一起一年而已。

還有一次，我們在拉斯維加斯，我的一個舞者曾跟賈斯汀一起出去玩，他告訴我他當時用手指了個女孩，然後說，「沒錯兄弟，我昨晚上了她。」我不想說出來他當時所指的人是誰，因為她其實挺受歡迎的，而且現在也已經結婚生子了，我不希望讓她感到難堪。

我的朋友很驚訝，他認為賈斯汀會這麼說只是因為他正嗨著，所以想要吹噓一番。有很多關於他跟許多舞者和狂熱粉絲的傳言，我全都當作沒事算了，但很明顯的是，他當時到處拈花惹草，這就是你都了然於心但卻會睜一隻眼閉一隻眼的事。

所以我也偷吃了一次，沒有很多次，就是和韋德．羅布森的那一次。我們有天晚上一起去了一間西班牙式酒吧，我們不停地跳舞，那晚我就跟他親熱了一番。

我多年來都對賈斯汀相當忠貞，一直都只愛著他一個人，就只有那一次例外，而我也向他承認了。那晚的事被我們視作年少輕狂時會發生的那種事，我跟賈斯汀就這樣讓這件事過去了，繼續在一起。我以為我們會永遠在一起，我希望我們能永遠在一起。

我們在一起的時候，我曾懷了賈斯汀的孩子。那是個意外，但對我來說並不是個悲劇。我太愛賈斯汀了，我總是期待我們有朝一日能共組一個家庭，只是這比我所預想的還要早太多了，不過事已至此了。

但賈斯汀顯然對於我懷孕感到不高興，他說我們還沒有準備好要有小孩，說我們還太年輕了。

我能理解。我是說，我稍微能夠理解。如果他不想要成為一個父親，我覺得我也沒有什麼選擇了。我並不想逼他做他不想做的事，我們之間的關係對我來說太重要了，所以雖然我確信人們會因此而恨我，但我還是同意不把這個孩子生下來。

墮胎是我自己從未想過的選擇，但考量到當時的情況，我們還是選擇了墮胎。

我不知道那是不是個正確的決定，但如果讓我自己一個人決定的話，我絕對不會這麼做。然而賈斯汀非常肯定自己並不想要當個父親。

我們還決定了另一件事，也就是我不應該去看醫生或是去醫院墮胎。當時要緊的是不能讓任何人發現我懷孕或是墮胎，這也意味著一切都得在家裡進行。現在事後看來，我覺得那是個錯誤的決定。

我們甚至沒有告訴我的家人，除了賈斯汀和我之外，唯一知道這件事的人就是菲莉西亞，她總是在我身邊幫助我。她告訴我，「這可能會有點痛，但妳會沒事的。」

到了安排好的那一天，我吃下了一些小藥丸，當時只有菲莉西亞和賈斯汀在場，我很快就開始劇烈地痙攣，我進了浴室，在那待了好幾個小時，躺在地板上哭泣和尖叫。我心想他們應該要用些什麼來麻痺我的感覺，我想要麻醉藥，什麼都好，我想去看醫生。我害怕極了，我躺在那裡想著自己會不會死掉。

那真的非常痛，但我沒有辦法用文字形容那種痛，那是種別人無法想像的疼痛。我跪在地板上抱著馬桶，很長一段時間都動彈不得。直至今日，那仍是我這一生中所經歷過最痛苦的一件事。

然而，他們並沒有送我去醫院。賈斯汀走進浴室，跟我一起躺在地板上，他覺得音樂或許能有點幫助，於是他就拿他的吉他彈了起來，跟我一起躺在那裡。

我不停的哭泣抽噎，哭到一切都結束。那持續了好幾個小時，我也不記得是怎麼停下來的，但在二十年後的現在，我仍然清楚記得當時的痛苦與恐懼。

在那之後，我有一段時間過得一團亂，尤其是因為我還是那麼深愛著賈斯汀，我愛他愛得太瘋狂了，這對我來說是件不幸的事。

我本該預見分手的到來，但當時的我並沒有。

ch.13

第十三章

賈斯汀開始製作他的第一張個人專輯《愛你無罪》（Justified）時，他對我的態度變得非常冷淡。我想那是因為他想把我當作他歌曲的題材，所以我在他身旁帶著深情和忠心看著他就會令他感到很尷尬。最後，我在拍攝黑暗之子（Darkchild）混音版的〈過度保護〉（Overprotected）的ＭＶ時，他透過簡訊結束了我們的關係。我在拍攝的空檔，坐在拖車休息室裡看到這封簡訊，之後我還得出去繼續跳舞。

賈斯汀傷我很深，我們之間也曾有過深切的愛。因此他離開我時，我崩潰了。我說的崩潰指的是好幾月都幾乎說不出話來，每當有人問我他的事，我都只能痛哭。我不知道我是不是心碎到要休克了，但我感覺是那樣沒錯。

認識我的人都覺得我不太對勁，真的很不對勁。回到肯特伍德的老家後，我無法和我的家人或朋友說話，幾乎足不出戶，我的生活過得一團亂，我就只是躺在床上盯著天花板。

賈斯汀飛到路易斯安納州來看我，他帶了一封他寫好還裱了框的長信來給我。那封信現在還放在我的床底下，信的結尾寫道：「沒有妳，我無法呼吸。」那就是最後一句話了。我一想到都還是會想哭。

讀到那句話時，我心想，可惡，他真的是很會寫，因為那就是我的感受。經歷了這一切後，我感到幾乎要窒息了，像是不能呼吸一樣。不過問題是，就算我見到了他，還讀了那封信，我仍然無法從那恍惚的狀態中走出來。他做了這一切，他來看我，而我卻還是無法說話，無論是對他或是對任何人。

ch.14

第十四章

雖然當時我根本不想要做任何演出，但我的合約中還有訂好要進行的巡迴表演，所以我還是去完成了那些演出。我只想要逃離那些既定的行程：把白天與晚上的時間都只留給自己。走去聖塔莫尼卡碼頭（Santa Monica Pier），呼吸那裡鹹鹹的空氣，聽著那雲霄飛車的運轉聲，看著大海。然而，那時的每一天都令人厭倦。**擺上器材、撤下器材、試音和拍照。問說，「我們到底到哪個城市了？」**

夢中巡迴演唱會剛開始時，我還很喜歡這次巡演，但它後來已然變成了一件苦差事，我身心俱疲，很想結束這一切。我開始幻想在威尼斯海灘（Venice Beach）跟菲莉西亞合開一間小店，然後徹底退出演藝圈。事後看來，我才明白我沒有給自己足夠的時間，從與賈斯汀的分手中恢復過來。

×××

二〇〇二年七月下旬，巡迴演出已接近尾聲，我們南下到墨西哥城（Mexico City）進行一場演出，前往那裡的路途近乎是場災難。

我們一行人乘坐廂型車，一過了美墨邊境，我們的車就突然停了下來，有一群人拿著我這輩子見過最大把的槍枝，把我們攔下來，我嚇壞了。搞得好像是我們中了埋伏，我不知道事情怎麼會變成這個樣子，但我只知道我們被這群凶神惡煞的人包圍了。我那輛車上的每個人都很緊張；我身邊有保鏢，但誰知道接下來會發生什麼事。過了體感彷彿一輩子的時間後，好像展開了和平談判，就像是電影裡演的那樣。我到現在還是不知道當時到底發生了什麼事，但最終我們還是被放行，而且我們後來還是為五萬名觀眾進行了一場演出（不過原定於隔天舉行的第二場演出，因一場大雷雨而不得不中途取消）。

那場因雷雨而取消的演出是夢中巡迴演唱會的最後一場巡演，但我在巡演結束後告訴大家我想休息時，所有人都顯得緊張不安。當你在某方面大獲成功後，就會有來自方方面面的龐大壓力逼你繼續做下去，即便你已不再喜愛你所做的事了。而且，正如我後來很快體認到的，你沒有辦法再回到自己的家了。

出於一些我認為相當荒謬的原因（我並沒有要宣傳任何專輯，但我的團隊認為我應該表現出自己過得很好的樣子，「只是要稍微休息一陣子而已。」），我回到路易斯安納州接受了《時人》（People）雜誌的一場訪談。

攝影師替我拍了室外照，然後又在室內拍了我跟狗狗和我母親坐在沙發上。他們要我把包包裡的東西都掏出來，給大家看我沒有帶任何藥物或是香菸：他們只找到黃箭（Juicy Fruit）口香糖、香草味香水、薄荷糖，和一小瓶聖約翰草（St. John's wort）。「我的女兒過得很好，」我母親信誓旦旦地告訴記者。「她從來沒有瀕臨精神崩潰過。」

那段時期之所以如此艱難的部分原因在於，賈斯汀的家人是唯一真正愛著我的人。每逢各種節日，我會去拜訪的就只有他家。我認識他的祖母和祖父，我很愛他們，我把他們當作自己的家人。我母親偶爾也會來看我們，但她從來沒有給我家的歸屬感。

我母親正努力從與我父親的離婚中走出來，她終究是離開我父親了，但她情緒低落且自己亂用藥，搞得自己幾乎都沒辦法起身離開沙發，我父親當時人也不知道跑去哪了，而我的妹妹——嗯……如果我說她就是個不折不扣的婊子，也一點都不過份。

我一直都在埋頭工作，和菲莉西亞一同在我的演藝路上努力時，我並沒有注意到肯特伍德的老家發生了些什麼事，但我一回到家，就發現一切都變了。我母親會在潔美·琳恩看電視時伺候她，給她送巧克力奶昔，那個女孩顯然是成了家裡的老大。

與此同時，我就像是個幽靈般的孩子，我還記得自己走進屋裡時，感覺根本沒有人看到我這個人。潔美·琳恩就只是看著她的電視。我的母親曾是我在這世上最親近的人，而她現在卻已彷彿活在另一個世界了。

而且年屆青春期的潔美．琳恩對我母親說話的那種方式也令我瞠目結舌。我聽到她噴一頓難聽的話，我會轉頭問我母親說，「妳就讓這臭小鬼這樣對妳說話嗎？」我說真的，她壞透了。

潔美．琳恩的改變讓我覺得自己被背叛了。我替她買了一棟房子，供她居住長大，她卻對此毫不感激，後來還說，「她買房子給我們要幹什麼？」她說得好像那是某種麻煩，但那棟房子是個禮物，我之所以買下它是因為我們家需要一棟新房子，而我也希望她能過上比我更好的生活。

路易斯安納州的生活於我恍如隔世，我覺得自己沒有能夠傾訴的對象。經歷過那次失戀分手，我回到家發現自己在每個地方都格格不入，我這才意識到自己其實已經長大了，變成了一個女人。然而，老實說，我彷彿也同時倒著往回活了，內心變得更加年輕。你有看過《班傑明的奇幻旅程》(The Curious Case of Benjamin Button)嗎？我的心境就是那樣子。那一年，我不知為何在變得更加脆弱的同時，也開始覺得自己又像個孩子一樣。

ch.15

第十五章

為了重拾我的信心，我在二〇〇二年的九月去米蘭拜訪了多納泰拉・凡賽斯（Donatella Versace），那趟旅行讓我恢復了精神，提醒了我這個世界上還有很多樂趣，我們喝了美酒也吃了美食，多納泰拉是個很有活力的主人。我期待著狀況從那時開始會有所轉變。

多納泰拉邀請我去義大利參加她的一場時裝秀，她讓我穿上一件閃閃發亮的漂亮彩色洋裝。我本來應該要唱個歌的，但我當時實在不想唱，於是在我稍微擺了一些姿勢後，多納泰拉說我們放輕鬆就好。她放了我翻唱的瓊・捷特（Joan Jett）的歌曲〈我愛搖滾樂〉（I Love Rock 'n' Roll），我和那場秀的其他模特兒打了聲招呼，然後就結束了。

接著就是派對時間，多納泰拉的奢華派對可是相當有名，這次當然也少不了派對。我還記得我在那見到了藍尼・克羅維茲，還有許多很酷的人。那場派對的確是我和賈斯汀分手後，第一次鼓起勇氣踏出去享受，獨自一人且單純地玩樂。

在那派對上我注意到了一個男生，我記得我當時覺得他超可愛的，他看起來像是巴西人：黑髮、帥氣，還抽著大麻菸，就是典型的那種壞男孩。他和我所認識的那些洛杉磯演員完全不一樣，他更像是個真正的男人，那種你會跟他來場一夜情的男人，他渾身散發出性吸引力。

我一開始注意到他時，他正在和兩個女孩聊天，但我能看得出來，他想要跟我說話。最後我們開始聊了起來，而且我決定要在我住的飯店和他一起喝酒。我們走向我的車，但後來在車上，他做了讓我很反感的事情，老實說，我根本不記得他做了什麼，但就是那麼一件小事惹惱了我，所以我就請司機靠邊停車，然後二話不說就把那傢伙趕下車，扔他在路邊不管了。

現在我是個媽媽了，我絕對不會再做出那樣的事了，我現在會說「我會在這個時間把你送到這個地方……」但當時年僅二十歲的我，純粹就是憑著直覺做事。就這樣讓一個陌生人上了我的車，這是個嚴重的錯誤，於是我就把他趕下車了。

我回歸不久後，賈斯汀正準備發行他的個人專輯《愛你無罪》。他在《20/20》節目上，為主持人芭芭拉．華特斯（Barbara Walters）播放了一首未發行的歌曲〈別離開（可怕的女人）〉（Don't Go〔Horrible Woman〕），那首歌似乎在講我：「我以為我們的愛情如此堅定，我想我是大錯特錯了。但從正向來看，嘿，女孩，至少妳給了我一首關於另一個可怕女人的歌。」

不到一個月後，他發布了〈為我淚流成河〉（Cry Me a River）的MV，影片裡有個長得很像我的女人背著他偷吃，而他在雨中傷心地徘徊。在新聞媒體的報導中，我被描述成一個傷了美國金童心的妓女，而事實是：我在路易斯安納州恍惚度日時，他正開心地在好萊塢四處奔波。

我可以這麼說嗎？在他那聳動的專輯和所有圍繞這張專輯的媒體報導中，賈斯汀都完全沒有提及他曾數次在我背後偷吃。

在好萊塢，男性總是比女性受到更多包容。我看到男人是如何被鼓勵去批評女人，並藉此變得更出名且更有權勢，但我還是很受傷。

人們認為我對他不忠，這使得這張專輯具有更深的焦慮以及目的性：辱罵一個不忠的女人。那個時代的嘻哈圈很喜歡用「去你的，婊子！」為主題的敘事情節，人們以被女性不尊重的對待為藉口來報復女性，在當時相當常見。阿姆（Eminem）充滿暴力的復仇歌曲〈金〉（Kim）就大受歡迎。這歌曲敘事唯一的問題就在於，我和賈斯汀的狀況並非如此。

〈為我淚流成河〉大獲好評，所有人都替他感到難過，而這令我感到丟臉。

我覺得自己當時並沒有辦法說出我的故事版本，我無從解釋，因為我知道賈斯汀讓全世界都相信了他的說法，就不會有人站在我這一邊了。

我覺得賈斯汀並沒有意識到他羞辱我的力道有多大，我覺得他至今仍不明白。

〈為我淚流成河〉發行之後，我走到哪裡都會被喝倒采，在我所去的每一間夜店都會聽到噓聲。有一次我跟我的妹妹和我哥哥的一個朋友一起去看湖人隊的比賽，整個體育館、全場都在噓我。

賈斯汀告訴所有人，他和我有過性關係，有人說這把我描繪成不只是個出軌的蕩婦，還是個表裡不一的騙子。考量到我有那麼多的青少年粉絲，我的經紀團隊和媒體長期以來都一直試圖將我包裝成一個永遠的處女——儘管賈斯汀和我之前就一直住在一起，而且我十四歲就跟別人上過床了。

被他「爆料」我有性經驗讓我很生氣嗎？不，老實跟你們說，我很開心賈斯汀說了出來。為什麼我的經紀團隊要那麼努力宣稱我即便都二十幾歲了，還是個未嘗禁果的年輕女孩？我有沒有過性行為又關其他人什麼事？

歐普拉（Oprah）在她的節目上告訴我，我的性事與其他人都無關，而且在談到處女的話題時她說，「就算你改變了主意，你也不必昭告天下。」我很欣賞她的說法。

沒錯，青少年時期的我還很努力維持那樣的形象，因為大家都會在這件事上大做文章，但如果你仔細想想，人們用那種方式形容我的身體，指著我說，「你看！是處女耶！」這實在是很可笑的一件事，這根本就不關任何人的事。而這也讓我作為歌手和表演者的身分較不受關注，我在我的歌唱和舞台表演上那麼賣力，但有些記者就只想問我，我的胸部是不是真的（事實上是真的沒錯），還有我的處女膜是否還完好無缺。

賈斯汀向大眾承認我們有過性關係打破了這個局面，讓我再也不用公開說自己不是個處女了。他說我們發生過關係，這從來沒有讓我感到絲毫困擾，而且我還替他說話，因為有人批評他這麼做，有人說他談論我們之間的性事「很沒禮貌！」但我喜歡他就這樣說出來。他那麼說時，我聽到的是「她是個**女人**。不，她不是處女，閉嘴。」

小時候的我總是感到內疚且非常羞愧，總覺得我的家人會認為我就是個壞孩子。我感覺向我襲來的悲傷和孤獨感都是我的過錯所造成的，好像我就活該倒楣和不快樂。我知道我們之間戀情的真相與外界所描述的完全不同，但我還是認為，如果我感到痛苦，那一定是我活該。照這道理，我肯定是幹了什麼壞事，我相信因果報應，所以每當有壞事發生，我都覺得那就是我應得的報應來了。

我的同理心強到令我困擾的地步。即便我遠在千里之外都能在潛意識中感受到住在內布拉斯加州人們的感受。有時候女人的月經會同步到來，我覺得我的情緒也總是會跟我身邊的人同步。我不知道你們會用哪種嬉皮詞彙來形容這情況——宇宙意識、直覺，或心靈相通。我只知道，我百分之百能夠感受到其他人的能量，也無法拒絕，只能去接受。

這時候你可能會想說，「天哪，她真的要談這種新世紀（New Age）的東西嗎？」

就讓我再說一下吧。

因為重點是，我當時太過於敏感而且太年輕了，我還深受著墮胎和分手的打擊；我沒有好好處理這些事。照賈斯汀的描述，我們在一起的時候我是個壞人，而我也相信了他的說法，因而從那時開始，我就覺得自己受到了某種詛咒。

然而，如果這都是真的，如果我真的造了那麼多孽，我也開始希望作為一個成年人和女人的我，能夠扭轉自己的命運，為自己帶來好運。

我再也受不了了，於是我和一個女性友人躲到亞利桑那州去。那個女性友人剛好跟賈斯汀最好的朋友交往過，我們也差不多在同時期分手了，所以我們決定來趟公路旅行，遠離這一切。我們連絡上彼此，並決定拋下一切。

經歷了那些事，我的朋友也非常傷心，所以除了自己的悲傷情緒與孤單心事外，我們還聊了很多，我很感激與她的這段友誼。

我們坐在車頂打開的敞篷車中快速地穿越沙漠時，頭頂滿天繁星，風吹著我們的頭髮，沒有任何音樂，只有黑夜呼嘯而過的聲音。

我們望向眼前綿延的道路，有種怪異而恐怖的感覺向我襲來。我人生這一路上走得太快了，我甚至喘不上一口氣。在那個當下，有什麼東西充滿了我全身：一種深沉的美，既超凡脫俗又令人謙卑。我看著我的朋友，心想自己是否該說些什麼，但我又能說什麼呢？難道要說「你相信外星人的存在嗎？」於是我保持沉默，懷著那種感覺坐了很長一段時間。

然後我在風聲中聽見她聲音。

「妳有感覺到嗎?」她說，她看著我，「那是什麼?」

不論那是什麼，她也感覺到了。

我伸出手緊緊握住她的手。

詩人魯米(Rumi)說，光明會從傷口進入你的體內，我一直都相信著這句話。我們在亞利桑那感受到的那個——我們之所以在那個當下感受到它，是因為我們需要它，我們在精神上是如此地開放且自然，它向我們展示了我們不可見之物的存在——稱之為神，或某種至高的力量，或是什麼超自然體驗都好。不論那是什麼，那都真實得讓我們能夠一起感受到。它剛發生的時候，我還不想向我朋友提起，因為我覺得很尷尬，我怕她會以為我瘋了。

有好幾次我都不敢暢所欲言，因為我怕別人會覺得我瘋了。但我現在已經得到了教訓，狠狠的教訓。你必須說出你的感受，就算那令你感到害怕，你必須說出你的故事，你得要大聲一點。

我迷失了方向並在沙漠中感受到神的存在的那個夜晚，還有許多事物留待我發現，但我知道我不會讓黑暗吞噬了自己。即便是在最黑暗的夜晚，你還是能發現如此之多的光明。

ch.16

第十六章

後來賈斯汀在我們正式分手後的幾個星期裡和六、七個女孩上了床，我聽說的大概是這個數字，我懂的，他可是賈斯汀．汀布萊克，這是他第一次單飛，他是少女的夢中情人，我曾經與他相戀，我能理解人們對他的癡迷。

如果賈斯汀也開始跟別人約會，我決定我也應該試著去找人約會。自從我被他傷透了心還有那場巡迴演唱會後，我已經好一陣子沒有約會了。那年冬天我遇到了一個我覺得很帥的男人，我有個夜店老闆朋友還說我很有眼光。

「那個男人太酷了！」我的朋友說，「他的名字是柯林．法洛（Colin Farrell），他正在拍一部電影。」

好吧，要說膽量嘛——我就開著我的車到他正在拍的動作電影《反恐特警組》（S.W.A.T.）片場。我那時以為自己是誰啊？

那裡沒有什麼保安人員，於是我就直接進了攝影棚裡，他們當時正在一間屋子裡做布景。導演一看到我就說，「來坐在我的椅子上吧！」

「好喔，」我回答，於是我就坐在椅子上看著他們拍電影。柯林走過來說，「妳有什麼建議或指教嗎？」他在邀請我指導他。

最後我們在兩個星期間打得非常火熱，打得火熱是最好的形容，我們黏在一起分不開來，激烈到好像我們在街頭鬥毆一樣。

在我們歡愉相處的那段時光，他帶我去參加他主演的諜報驚悚片《C.I.A. 追緝令》（The Recruit）的首映會，艾爾．帕西諾（Al Pacino）也有出演那部電影。我很開心他邀請我去。我穿了一件睡衣的上身，我以為那是一件襯衫，因為上面有些小鉚釘，但我後來看到了照片才心想：沒錯，我肯定就是穿了一件睡衣上裝去出席柯林．法洛的電影首映會。

我很開心能去參加那場首映會，柯林的全家人都出席了，而且他們對我也很熱情友好。

就如同過往一樣，每當我覺得自己對一個男人太過於依戀時，我就會試著用各種理由說服自己，這根本就沒什麼，我們只是玩玩而已。在那狀況下我只是因為還放不下賈斯汀才會那麼脆弱，但有那麼短暫的一瞬間，我確實覺得我們之間或許有可能。

感情生活的失意只是我變得孤獨的部份原因。我總是感到尷尬不安。

我確實嘗試過社交。我甚至跟娜塔莉・波曼一起主辦過一場新年派對，她是我在紐約戲劇圈中的舊識。

但那麼做得耗費很大的精力。很多時候，我甚至無法打電話給朋友，光是想到要出門，然後勇敢地站上舞台或是待在夜店裡，甚至只是去個派對或吃個晚餐，都令我感到無比恐懼。我很少在人群中感到快樂。大多數時候，我都有嚴重的社交恐懼。

那些對一般人來說完全正常的對話，會令有社交恐懼的人感到尷尬。與他人打交道，尤其是在派對或是其他人們期待你好好表現的場合中，更會令人莫名地感到一陣尷尬。我害怕被其他人品頭論足或是說些蠢話，每當那種感覺襲來，我就想要一個人待著，我感到害怕，只想用上廁所當藉口，然後偷偷溜走。

我一下很能社交，一下又孤僻得不得了。別人都說我看起來很有自信，但誰都很難想像，一個能夠在成千上萬名觀眾面前表演的人，同時也可能在後台僅與一兩個人相處時，就會深感恐懼不安。

焦慮不安的情緒就是那麼奇怪，而且隨著我漸漸明白不論我做了什麼，或是根本什麼也沒做，都會成為報紙的頭版新聞，我就更是感到焦慮且不安。那些新聞報導往往配上有損我形象的醜照，那些照片往往是在我最沒提防時拍的。我本來就很在意他人對我的看法了，現在全國上下的目光更是加劇我容易不安的天性，到了難以忍受的地步。

雖然關於我的新聞報導往往對我並不是那麼友善，但娛樂媒體上卻充滿了關於賈斯汀和克莉絲汀．阿奎萊拉的各種正面報導。赤裸上身的賈斯汀登上《滾石》（Rolling Stone）雜誌的封面，而克莉絲汀則是登上《小聚》（Blender）雜誌的封面，她打扮得像個來自美國舊西部的女士。他們還一起上了《滾石》雜誌的封面，他穿著黑色的背心，用性感的眼神看著她，而她則是穿著中空的黑色綁帶上衣看向鏡頭。在那篇雜誌報導中，她說她覺得賈斯汀應該要和我復合，這讓我感到很困惑，因為她在別的地方講的話都很負面。

看到我如此熟識的人們在媒體上這樣談論我實在很傷人。即便他們無意那麼無情，但我感覺他們只是在我的傷口上撒鹽，為何人們都那麼容易忘記我也是個人，是個脆弱到會因這些新聞報導而留下傷疤的人呢？

我想要消失不見，於是我一個人在紐約市住了幾個月，住在雪兒（Cher）過去曾住過的諾霍區（Noho）一棟四層樓公寓裡。那間公寓的天花板很高，有個能夠看見帝國大廈（Empire State Building）的露天陽台，還有一個功能正常的壁爐，那比我們肯特伍德老家客廳的那個壁爐還要高檔多了。若把這間公寓當作探索這座城市的基地，它會是個人們夢寐以求的房子。但我幾乎沒有出過門，有次我難得出門一次，電梯裡站在我身後的一個男人說了些什麼，逗得我哈哈大笑，我轉過身一看才發現原來是羅賓・威廉斯（Robin Williams）。

有一次，我發現自己不知怎麼搞的弄丟了公寓的鑰匙。當時的我可說是全球最紅的明星，但我卻連自己家公寓的鑰匙都沒有。我真他媽的蠢。沒有鑰匙我就哪兒都去不了，我整個人動彈不得，實際上和心理上都是如此。我也不願意和任何人溝通交流，我沒有任何話要說。（但請相信我，現在我隨時都有家裡的鑰匙。）

我沒有去健身房，也沒有出門吃飯。我只會跟我的保鏢和菲莉西亞說話，現在我已不再需要一個年長的監護人了，菲莉西亞成為了我的助理，同時也還是我的朋友。我從地球上消失了。我每餐都叫外送來吃，這或許聽起來很奇怪，但待在家裡讓我很開心。我很喜歡那裡，我感到很安全。

有時候我也會出門。有天晚上我堂姊帶我去一間挺吸引人的地下夜店，那裡的天花板很低，牆面是紅色的，而我穿著一件一百二十九美元的碧碧（Bebe）¶洋裝和高跟鞋出門。我抽了幾口大麻菸，那是我第一次吸大麻。後來我一路走回家，這樣才能好好欣賞這座城市，途中還踩斷了其中一隻高跟鞋的鞋跟。回到了我的公寓，我走去陽台，抬頭仰望著天上的星星，一看就是好幾個小時。在那個當下，我感覺自己彷彿和紐約是一體的。

在那段奇妙且如幻境般的時光中，瑪丹娜是少數會來我家的人。她走進我的公寓，當然了，她立刻就成為了這個空間的老大，我還記得當時我心想，*現在這是瑪丹娜的房間了*。她美得令人驚豔，渾身散發出力量和自信。她直直走到窗前，看向窗外並說，「風景很好。」

「是呀，風景是不錯，」我說。

瑪丹娜超乎常人的自信幫助了我以全新的角度來看待自身的處境。我想她或許感覺到了我所經歷的事情，當時的我需要一些指引，我對於自己的人生感到困惑且惶恐，而她試圖給我一些方向。

有一次，她和我一起進行了一個紅繩儀式，引領我進入了卡巴拉（Kabbalah）教派，她還給

¶ Manny Mashouf 於一九七六年在舊金山創立的女裝品牌。

了我一個裝滿了《光輝之書》（Zohar）典籍的箱子，供我祈禱用。我在脖子後方刺了一個希伯來文的單字，是神七十二個名字的其中一個，有些卡巴拉主義者認為那個字的意思是治癒，而這正是我一直努力在做的事。

在許多層面上，瑪丹娜確實帶給我正面的影響。她告訴我一定要抽出一些時間留給自己的靈魂，而我也努力做到了這一點。她向我展示了我所需要看見的那種力量。在娛樂這一行，要當一個女人有許多不同的方式：妳可以被奉為天后，妳可以很專業，或是可以很「友善親民」。我一直很努力試圖取悅他人，取悅我的父母親、取悅我的觀眾，還有取悅每一個人。

我肯定是從母親那學到了那種無助感，我看到了我妹和父親是如何對待她，而她又是如何概括承受。在我演藝生涯的早期，我也仿效了那種做法，變得很被動消極。我希望當時的我能有更多的良師益友，讓我看看何謂狠角色，這樣我就能更早學會怎麼當個狠角色。如果我現在能回到過去，我會試著成為我自己的父母、夥伴和支持者，就像我知道瑪丹娜所做的那樣。她忍受了那麼多來自社會大眾和演藝圈的性別歧視和霸凌，又無數次因自己的性（sexuality）而受到羞辱，但她總是能克服這一切。

幾年前，瑪丹娜在獲頒告示牌年度風雲女性（Billboard Woman of the Year）獎項時說，她一直遭受著「對女性公然的厭惡、性別歧視、不斷的霸凌行為，還有持續的詆毀羞辱。如果妳是個女人，妳就得被迫參加這個遊戲。什麼遊戲呢？妳可以漂亮、可以可愛，也可以性感，但不要表現得太過聰明，也不能有主見。」

她說得一點也沒錯，音樂圈（事實上是全世界）的規則是為男性而定的，尤其是如果你像我一樣「乖」，那你就有可能被徹底毀掉。那個時候的我已經變得太過乖巧了。無論我去哪裡，菲莉西亞都會替我寫感謝信給那些廚師、酒保和秘書。直至今日，作為一個南方女孩，我仍相信手寫感謝信的溫度。

瑪丹娜看到了我是多麼亟欲取悅他人，又是多麼想去做別人做過的事，而不是專注於一件事情上，然後說，「好了，大家聽好了，這就是我接下來要做的事。」

我們決定一起在MTV音樂錄影帶大獎的頒獎典禮上表演。

每一次排練時，我們都會來個飛吻。正式演出前大概兩分鐘，我正坐在舞台邊，想著我至今在音樂錄影帶大獎典禮上最重要的那次演出，當時的我脫下西裝，露出一身閃亮的服裝。我心想，今年我想要再體驗一次像那樣的時刻。我是否應該要放手一搏？就利用那一吻。

那經典的一吻引起了眾多關注，歐普拉有向瑪丹娜問過那一吻，那被視為一個重大的文化時刻——「布蘭妮親了瑪丹娜！」那吻讓我們兩人都受到大量的關注。

我們在為音樂錄影帶大獎典禮的表演排練時，我也萌生了合作的想法。在卡爾佛市（Culver City）的錄音室裡，我和我的團隊坐在銀色的金屬折疊椅上，聊著唱片公司對我新歌〈嗆音樂〉（Me Against the Music）的冷淡態度，我很喜歡這首歌。我剛在我的上一張專輯中完成了〈愛情奴隸〉，唱片公司的高層貝瑞．韋斯希望我能出更多那類型的歌曲，但我極力爭取推出〈嗆音樂〉。

「那我們邀請其他人來客串合作這首歌如何？」我問道。一首歌能爆紅是因為有話題事件的推動，我想如果能找人來一起唱這首歌，那我們就能圍繞這首歌創造一個話題。

「你想跟誰合作？」我的經紀人問道。

「她！」我指著在房間另一頭的瑪丹娜說。「找她來一起唱這首歌吧。」

「哇靠，」他說。「好欸，這行得通。」我們都同意由我直接詢問她本人，而不是透過她的團隊。

於是我就去找瑪丹娜。「我們來談談吧，」我說，我告訴她跟我一起做這首歌會多有趣，還有我覺得我們能幫到彼此：這合作對我們雙方都有益。她同意了。

〈嗆音樂〉至今仍是我最愛的歌曲之一，與她的合作是令這首歌如此難忘的一個原因。

這首歌的MV要持續拍個兩到三天，在拍攝的第一天，我們就被告知瑪丹娜穿的白色西裝有個縫線處脫落了，必須找女裁縫師來縫補，所以我們的開拍時間要延後了。結果我不得不在我的拖車休息室裡坐上好幾個小時，等著那套西裝縫補完成。

我心想，真的假的？我都不知道為自己花上那麼多時間是個可行的選項。如果是我的高跟鞋斷了，我絕對不會請製作人給我五分鐘來修好它，導演要我做什麼我都會照做，哪怕我得因鞋跟斷掉而光著腳一跛一跛地走到片場去。

在我們一起拍攝的那段時間，我由衷佩服瑪丹娜對於自身構想絕不妥協的態度，她總是專注在自己身上。順著瑪丹娜的想法，數天來都照著她的步調做，與她合作就是這樣，這對我而言是個重要的一課，我得花上很長一段時間才能吸收領悟：她要求權力，所以她得到了權力。她是眾人矚目的焦點，因為她讓這成為她在任何地方出場的條件，她為自己創造了這樣的生活。我希望自己也能找到方法做到既能像她一樣，同時又能扮演好我想要維持的乖乖牌好女孩身分。

ch.17

第十七章

我對我的新專輯《流行禁區》很滿意，與瑪丹娜合作的〈嗆音樂〉是該專輯的首發單曲，第二支單曲是讓我贏得葛萊美獎（Grammy Award）的〈中你的毒〉（Toxic）。〈中你的毒〉是首很不一樣的創新歌曲，也大獲成功，至今都仍是我最愛演唱的其中一首歌。

為了宣傳這張專輯，有天晚上我和MTV台的攝影組一起去紐約市，拍攝一檔叫作《流行禁區與流連徹夜》（In the Zone & Out All Night）的特別節目。我們開車去了城裡的三間夜店——秀（Show）、亮點（Splash）和阿瓦隆（Avalon）。看到一大群人隨著我的新歌跳舞讓我很興奮。在我的演藝生涯中，我的歌迷一次又一次提醒著我繼續堅持下去的原因。

後來有一天，有人敲我的門，我打開門，有四個男人從我的身旁走進屋；其中三個人我並不認識，我這輩子沒見過他們。

第四個人是我的父親。

他們後來要我坐在沙發上（就是至今仍放在我臥室的那張沙發），他們馬上開始向我展開連環發問，一個接著一個、沒完沒了的問題。我沉默不語；我不願意跟任何人交談，我無話可說。

過了一天，我接到我的團隊打來的電話，要我和黛安．索耶（Diane Sawyer）聊聊……而且要在那同一張沙發上。因為與賈斯汀之間的事還有我所經歷的一切，我覺得自己再也無法與這個世界溝通了。我的頭上壟罩著一片烏雲，我受到精神上的創傷。

我經常躲回我的公寓裡一個人待著；而現在我卻被逼著要在那與黛安．索耶對談，在全國觀眾面前哭泣。

這完全就是個羞辱，我並沒有事先被告知會問些什麼問題，結果那些問題果然都令人很尷尬。當時的我太脆弱且太敏感，還不適合接受這種採訪。她問了一些像是這樣的問題：「他上電視說妳傷了他的心，說妳做了些讓他痛苦萬分的事，令他受到如此折磨，妳做了什麼呢？」

我不想與全世界分享我的私生活，我不欠媒體任何關於我分手的相關細節。我不應該被迫在全國電視台上發言，被逼得在這個陌生人面前哭泣，這個女人用一個接一個尖銳無情的問題追問著我。我覺得自己被消費了，在全世界面前被擺了一道。

在我心中，那次採訪是個轉捩點——某個開關被打開了。我感覺到黑暗壟罩我全身，我感覺自己變成像個狼人一樣，變成一個壞人。

我真心認為那本應是我人生中的成長時刻，而不是要去與全世界分享一切的時候，這樣我才能好好地療傷。

但我別無選擇，似乎沒有人真的在乎我的感受。

假期時我又回到了路易斯安納州的家裡，我邀請了幾個朋友來家裡玩，我們想在我蓋在主屋後面的客屋裡廝混，但我母親卻因為我們太吵而大發脾氣。突然間，我想到我有足夠的錢，我們根本不必待在路易斯安納州。我替我們一行人訂了新年前夕前往拉斯維加斯的機票，還有一些我巡迴演出時認識的朋友也加入了我們。

我們盡情放肆地在棕櫚樹賭場度假村（Palms Casino Resort）暢飲，大喝特喝。我承認我們這樣很蠢，我也想說，那次在罪惡之城（Sin City）享有如此大程度的自由令我感到幾乎不知所措。當時的我是個工作相當繁忙的小女孩，然後突然間我的行程表上就空了幾天，於是就：來囉，開喝！

芭黎絲．希爾頓（Paris Hilton）也到那間賭場晃晃並喝了幾杯酒。不知不覺中，我們就站上了賭桌，還脫了鞋子，然後在賭場裡跑來跑去，像是受到仙女祝福的蠢蛋一樣。沒有人受傷，我和芭黎絲一同度過了相當美好的歡樂時光，我們單純就是在玩樂享受，到現在我們每次聚在一起時，都還是會這麼做。

我並沒有對任何人不禮貌，這就單純只是好玩而已。許多人可能會對此有所非議，現在也不能做這樣的事了，因為人們會拿出手機來拍。但在拉斯維加斯的那個時候，我們就是在幹蠢事。我已經受到媒體如此密切地關注，我無意惹麻煩，我只是想要感受自由，並享受我一直以來如此努力工作的回報。

就像個二十幾歲的人在喝了幾杯酒後會做的那樣，我後來和一個老朋友上床了，他是我從小就認識的朋友。我們在那裡的第三個晚上，我跟他都喝得太醉了，我甚至完全不記得那晚發生了什麼。但根據我後來拼湊出的故事，我跟他一起在飯店房間裡殺時間，熬夜看電影，我們看了《蒙娜麗莎的微笑》（Mona Lisa Smile）和《德州電鋸殺人狂》（The Texas Chainsaw Massacre），然後不知道哪來的點子，就在凌晨三點鐘去了小白教堂（A Little White Chapel）。我們到那裡的時候，有另一對夫妻正在結婚，所以我們得等。沒錯，我們當時排隊等著要結婚。

人們曾問我是否愛他，說白了：我跟他並沒有在談戀愛，老實說我就只是喝得太醉了，或許歸根究柢來說，就是我生命的那段時期過得太無聊了

隔天，我全家人都搭飛機來到拉斯維加斯了，他們到場並用充滿怒火的眼睛盯著我。我四處張望。「昨晚發生什麼事？」我問，「我是殺了人嗎？」

「妳結婚了！」他們說，說得好像那是件很嚴重的事。

「我們只是好玩而已，」我說。

但我父母親把這件事看得很嚴重。

「這樁婚姻必須註銷，」他們說。他們把這純粹好玩的行為想得太嚴重了，每個人都有不同的看法，但我並不把這當一回事。我以為在拉斯維加斯結婚就只是人們會為了好玩而開玩笑做的事，然後我的家人就來了，還表現得好像我發動了第三次世界大戰一樣。在拉斯維加斯剩餘的日子裡我都在哭。

「我錯了！」我說，「我很抱歉，我不應該跑去結婚。」

我們簽了他們要我們簽的所有文件，這段婚姻持續了五十五個小時。他們如此迅速且果決的介入讓我覺得很奇怪，我甚至還來不及為自己的行為感到後悔。

我並不是真的想和這個人建立一個家庭，也不是想要永遠跟他在一起，根本就不是那麼一回事。然而，最後結果就是我父母親拿這事質問我很久，搞得我都差點要說，「嘿，也許我是真的想要結婚喲！」

每個年輕人都懂想要反抗家人的那種感覺，尤其是如果他們的控制慾又很強，我現在覺得自己當時的反應很正常。關於這件我認為無傷大雅的小事，他們強加了非比尋常的龐大壓力在我身上，而且不管怎麼說，那都是我自己的事。

事實上，我的家人非常反對這場婚禮，這讓我開始思考，或許我不經意地採取了明智的行動。因為我意識到：對他們來說非常、非常重要的是，我在他們的掌控之中，而且沒有與其他人建立更強烈的關係。

我心想，我又欠你們什麼了？為何其他人會造成如此巨大的威脅？或許值得一提的是，在那時我就已經是他們的經濟支柱了。

所有人都在問我——現在開始妳想做什麼？這是個好問題，我也有答案了。我一次又一次告訴這麼問我的人，我最想要的就是屬於自己的時間。我開始想像自己能找到真愛並且定居成家，我覺得我的人生已經錯過了太多。

ch.18

第十八章

我們再次展開巡迴演唱會。更多的接運巴士、更多的服裝架、更長時間的排練和更多的反覆練習。

那已經是我人生中最黑暗的一段時期，這場巡迴演唱會的氛圍也是陰鬱黑暗的，有許多辛苦的曲目、黑暗的主題，還有陰鬱的燈光。這次巡演也是我和我哥哥布萊恩關係產生變化的開始。

布萊恩現在是我團隊中的一員，他在黑瑪瑙巡迴演唱會（Onyx Hotel Tour）期間領取相當優渥的薪水（我也是），他還替我和伊麗莎白雅頓（Elizabeth Arden）談成了一筆大生意。然而，當我開始進行極為辛苦難熬的巡演，他卻留在洛杉磯和紐約享受他的人生，這令我很難不對他有所怨懟。

我在那些年失去了我哥的聯繫，因此，從許多方面來說，我感覺自己好像是在同一時間失去了賈斯汀和布萊恩。

這次巡演讓我感覺很壓抑。在伊利諾州莫林（Moline）的演出接近尾聲時，我的膝蓋傷得很嚴重。我之前就在排練我首張專輯中的歌詞〈有時候〉

（Sometimes）的MV時傷到膝蓋，我那次傷得更嚴重，還很激動地大哭了一場。這次受傷後，我只有兩場演出的日期需要改期，但在我心中，我已經開始退縮了。我渴望自己的生活中能有些輕鬆且快樂的時刻。

然後凱文．費德林（Kevin Federline）就抱住了我，那是我記得最清楚的一件事。我們在好萊塢一間叫做約瑟夫咖啡館（Joseph's Café）的夜店認識，我經常坐在那間店深處的一張桌前。打從見到他的那一刻起，我們之間就有了一種連結，那讓我覺得自己可以逃離生活中的一切困難與苦難。我們認識彼此的第一個晚上，他就抱著我（真的抱著我）在泳池裡待了好幾個小時。

當時的我看來他就是這樣的人：穩重、堅強，且能帶給我安慰。我記得我們會一起去游泳，而他會在水裡環抱著我，直到我想要他放手，他才會放開我，不論要花上多長的時間。這超越了性的範疇，這與性欲無關，這是一種親密。只要我希望他能抱著我，他就會一直抱著我不放手。在我的人生中有人這麼做過嗎？就算有，我也不記得發生在什麼時候了，而且還有比這更好的嗎？

在我和賈斯汀經歷了那麼多之後，我已經很久沒有真的跟誰在一起了。與此同時，媒體正不斷推薦一些應該要成為我約會對象的名人給我，其中有皇室成員、公司執行長還有模特兒。我又該怎麼解釋我只想在泳池裡被一個男人擁抱一小時呢？

我覺得很多女性都能夠成為如自己所願那般強大的人，能夠扮演好這個重要的角色，我自己當然也是如此。但到了一天的尾聲，在我們完成了工作、賺到了錢，並且照顧好其他人之後，我們還是希望有人能夠緊緊抱著自己，告訴我們一切都會沒事的。抱歉，我知道這聽起來是個陳舊的觀念，但我認為這是一種人類的慾望，我們想要同時感受到安全、充滿活力，而且性感。而凱文就是這樣對待我的，所以我義無反顧地緊緊抓住他。

一開始我和凱文之間只是玩玩而已。

凱文喜歡我當時的樣子。作為一個花了那麼多時間試著不辜負社會期待的女人，能和一個允許我做最真實的自己的男人在一起，感覺就像是老天給我的禮物。

凱文給人一種「壞男孩」的感覺，不過我們剛認識時，我還不知道他已經有一個才剛學會走路的小孩，也不知道他的前女友肚子裡還懷有八個月的第二個小孩。我對此一無所知，我生活在一個泡泡裡，沒有很多親密的好友能夠讓我傾訴和尋求意見。我們在一起一段時間後，才有人告訴我，「妳知道他又有一個新的小孩了，對吧？」

我當時並不相信，但我一問他，他就告訴我那都是真的。他跟我說他一個月會見他們一次。

「你有小孩？」我說。「你有孩子了？還不只是一個孩子，是兩個孩子？」

所以，很顯然我完全被蒙在鼓裡，我什麼都不知道。

二〇〇四年的春天，即便我根本沒心情工作，我還是不得不回去工作，以履行我合約要求的巡演。我想如果凱文能跟我一起去，那我就還能忍受，而他也答應了。在那次巡演中我們一起玩得很開心，工作一如既往很有挑戰性，但他幫忙分散了我放在工作上的注意力。在表演結束後，我不用再自己一個人回到飯店的房間了。在返家的飛機上，我們閒聊著一些無關緊要的小事，然後我就向他求婚了。他拒絕了我，然後再向我求婚。

我們一起拍了巡演的紀錄影片，原先的想法是要拍一部類似瑪丹娜的《真實或大膽》(Truth or Dare) 的紀錄片，但拍著拍著就變得更像是我們家庭生活的影集，尤其是在我再次受傷之後。後來這部影片就被當作真人實境秀節目發行，節目名為《混亂天堂》(Britney and Kevin: Chaotic)。

黑瑪瑙巡迴演唱會實在太難熬了。首先，這巡演太過「肉慾」了。賈斯汀公開的發言讓我尷尬難堪，所以我反駁他的方式就是在舞台上也往那個方向走，但那種表演實在是很糟糕，我當時就很不喜歡了。事實上，我很討厭那次愚蠢的巡演，討厭到我每天晚上都在祈禱說，「老天啊，就讓我斷隻手吧，讓我斷隻腿吧。你能讓我傷到哪裡嗎？」後來，在二〇〇四年六月八日，當時我還有兩個月的巡演行程，我在為〈肆無忌憚〉（Outrageous）拍攝MV時又摔了一次，我的膝蓋又受傷了，而且還得動手術，於是剩餘的巡演場次都取消了。我回想起青少年時期為我的膝蓋做物理治療的痛苦，那段經歷令我苦不堪言。儘管痛得不得了，我還是得上下移動我的雙腿，所以醫生要給我用維柯汀（Vicodin）時，我接受了，我不想再經歷一次那種程度的痛苦了。

我回到我在曼哈頓的公寓，躺在我的公主床上，但凡有任何人，包含我的朋友、家人或業內人士，想要在那段時間和我說話，我就會說，「別打擾我。不要，我什麼事都不想做，也不想見任何人。」如果可以的話，我肯定是一陣子不想再去做巡迴演出了。

有一部份的原因是，我認為在經歷了如此艱苦的行程安排後，我已經得到了為我個人生活做決定的權利。與賈斯汀分手之後，我覺得自己被操縱著直接回去工作，因為當時的我就只知道工作。黑瑪瑙巡迴演唱會是個錯誤，但對當時的我來說，我認為我應該要做我該做的事，也就是工作。

我現在才明白，在重新開始巡演前，我應該停下腳步，先慢慢走出與賈斯汀分手的陰霾。音樂圈的競爭太激烈且殘忍無情，你經常得每天去不同的城市，生活缺乏穩定性，在那樣的旅途中不可能尋得片刻的寧靜。我二〇〇〇年在夏威夷拍攝《給你更多布蘭妮》（Britney Spears: Live and More!）的ＤＶＤ特輯時，開始意識到電視廣播業真的很輕鬆，電視相關的工作是這一行裡的奢侈品，但巡迴演唱會不是。

我妹也剛和尼克兒童頻道（Nickelodeon）簽了一份大合約，我替她感到開心。看到她在背台詞和試穿服裝的樣子，讓我想起自己也曾很想要有一份更像兒童電視節目那樣舒服的工作。我喜歡回憶在《全新米老鼠俱樂部》的那段時光，想起來那時的一切看起來都是如此地輕鬆寫意。

我以為凱文會帶給我我所渴望的穩定還有自由。

沒有什麼人替我和凱文感到開心。不管我喜歡與否，當時的我就是全世界最紅的明星之一。而他過著更有隱私的生活，我必須得在所有人面前維護我們的感情。

我和凱文在那年秋天結婚了，我們在九月舉辦了「驚喜」婚禮，但律師團隊還需要更多時間來準備婚前協議，所以我們幾個星期後才在法律上正式成婚。

《時人》雜誌來拍了那場婚禮。我穿的是一件無肩帶的禮服，伴娘們則是穿著酒紅色的禮服。婚禮結束後，我換成一套寫著MRS. FEDERLINE的粉紅色運動服，其他人也都換上了橘滋（Juicy）的運動服，因為我們還要去夜店跳整晚的舞。而今我結婚了，也在考慮建立一個家庭，於是我決定開始拒絕那些讓我感覺不對的事，像是黑瑪瑙巡迴演唱會。我與我的經紀團隊分道揚鑣，我在自己的網站上發佈了一封寫給歌迷的信，告訴他們我要休息一段時間，去好好享受我的人生了。

「我真的學會說『不』了！」我寫道，而且我是認真的。「有了這新獲得的自由，好像身邊的人們就不知道該如何跟我相處……我很抱歉我過去兩年的生活似乎過得一團糟，或許因為那真的就是一團糟！我現在懂了他們所說的童星是什麼意思了。從我十五歲開始，我就只知道一直往前走，不停地一直、一直往前……請你們記住時代正在改變，我也在改變。」

在宣布我終於打算要掌控自己的人生後，我感到無比平靜。

我的人生將會從此開始有所改變！我很興奮地這麼想。

後來我的人生也確實改變了。

ch.19

第十九章

關於懷孕我有兩點要說：我喜歡性愛還有食物，在我兩次懷孕的期間，這兩者都真是太棒了。

除此之外，我也說不出還有什麼能帶給我快樂的事物了。我就活像個惡霸，在那整整兩年間你不會想聽到我的消息，我並不想和任何人相處，我非常令人討厭。我不想讓任何人靠近我，即便是我母親。我曾經真的很愛照顧別人，我曾經是美國甜心，也是最討人厭的女人。

我也很保護潔美．琳恩。在她向我抱怨跟她共同出演電視劇的另一個女演員後，我就出現在那片場找那個女演員談一談。我當時的樣子肯定是這樣，挺著懷孕的大肚子，對著一個十幾歲的女孩（而且我後來才知道她根本就是無辜的）大吼大叫，「妳在我妹妹背後說什麼閒話嗎？」（給那位年輕的女演員：我很抱歉。）

在我懷孕期間，我希望所有人都離我遠一點：走開！我肚子裡有個小嬰兒！

俗話說得好——生小孩是件無法事先準備好的事。懷孕生子就是一場奇蹟，你正在創造另一個人。從小我們會說：「那個人懷孕了。」「那個人生孩子了。」但當你真的切身經歷懷孕生子時，那種感受是如此地強烈，那令人難以置信的強大連繫是一種精神上的體驗。

我母親總是把生小孩是多麼痛苦掛在嘴邊，她從未讓我忘記，她生我的時候經歷了好幾個小時的痛苦分娩過程。我的意思是，每個人的狀況都不一樣，有些女人能夠生得很輕鬆，而我很害怕自然產。當醫生建議我做剖腹產時，我大大鬆了一口氣。

尚恩．普雷斯頓（Sean Preston）出生於二〇〇五年九月十四日。你一看到他就知道，他就是個可愛且善良的小男孩。

過了三個月，我又懷孕了。我很開心能有兩個年齡相仿的孩子，不過這還是對我的身體造成了很大的負擔，那段時間我總是感到非常悲傷且孤獨，我覺得這個世界上有好多人都在和我作對。

我必須謹慎提防的主要威脅是咄咄逼人的狗仔隊。

我心想，如果我能遠離公眾視線，那些報社雜誌的攝影師最後肯定就會放過我，但無論我是坐在自己家裡還是想去逛個商店，那些狗仔總是會找到我。他們日日夜夜都在那裡，就在等著我出來。

媒體似乎都沒有意識到，我本來就對自己很嚴苛。我可以很狂野，但在內心深處，我總是喜歡討好別人。即便是在我人生的低谷，我都還是很在意他人的想法。我在南方長大，而禮貌在南方是那麼重要。直到今天，我都還是稱呼男性「先生」，女性則是「女士」，不論他們的年齡大小。僅就禮貌的層面而言，被人用如此不尊重且令人反感的方式對待令我感到十分痛苦。

我和我的孩子們做的每一件事都被一一記下。我一邊抱著尚恩．普雷斯頓，一邊開車躲避狗仔隊，人們認為這證明了我是個失職的母親。我也在馬里布鄉村集市（Malibu Country Mart）被狗仔隊逼到了角落，他們不停地拍我的照片，被困在那裡的我抱著尚恩大哭。

在紐約，懷著傑登．詹姆斯（Jayden James）的我帶著尚恩．普雷斯頓，想要走出一棟大樓並坐進一輛車時，狗仔攝影師蜂擁而至包圍了我。有人叫我從另一邊的車門上車，於是我只好說了聲「哦」，穿過數千個相機鏡頭以及「布蘭妮！布蘭妮！」的叫喊聲，然後才上了車。

如果你看的是影片，而不只是看著靜態的照片，你就會發現我一手拿著一杯水，另一手抱著我的小孩時，我的腳跟翻了一下，差一點就摔倒了，但我沒有摔倒，在找回身體平衡的同時，我既沒有滴出水，也沒有掉了孩子。順帶一提，他也完全沒有被嚇到。

「這就是為什麼我需要一把槍，」我對著鏡頭說，這麼說或許有反效果，但我也束手無策了。雜誌似乎最喜歡的就是能搭配上「布蘭妮．斯皮爾斯變胖了！看，她沒有化妝！」這種標題的照片，搞得好像這兩件事是什麼罪過，變胖就是我個人對他們的不友善行徑，就是一種背叛。我又是什麼時候承諾過要一輩子都保持著十七歲的樣子？

ch.20

第二十章

尚恩．普雷斯頓還很小的時候，凱文就開始更加努力創作自己的音樂，他想要成名，我也鼓勵他這麼做。他錄製了很多音樂，這正是他的愛好。有時候我會順道去他工作的錄音室看看，那裡就像是間夜店，我根本還沒進門，就能聞到工作室裡飄出來的大麻味，他和其他人都會在那裡頭嗨，而我感覺自己是個礙事的人，我並沒有受邀去他們的派對。

我無法忍受周遭都是大麻菸，就連那味道都令我感到噁心，而且我有小孩，還懷有身孕，所以我也不可能整天都往錄音室跑，大多數時間我都待在家裡，而這對我來說也不是什麼難事，我有一個很漂亮的家，一個我夢寐以求的家。我們會請一位很棒的廚師，但這樣實在太花錢了，所以不能常常找廚師來。不過有一次，我邊吃著那廚師做的東西邊說，「我的天哪，這是我吃過最好吃的東西了，你可以就住在我們家嗎？我太愛你了！」我當時是認真的，我很喜歡他，也相當感激他為我們家所提供的一切額外幫助。

凱文和我的感情關係越來越疏遠，我想這或許就是已婚夫婦必然的發展。輪流容許對方自私一點，這是他初嘗成名的滋味，我應該要讓他好好享受。

我給自己一些精神喊話：他是我的丈夫，我應該要尊重他，在更深的層面上接受他，而不是只把他當作我的約會對象。他是我孩子們的父親，他的行為舉止現在已和以往不同了，但就算改變了，人還是有可能再變回來。人們說他會在孩子們還小的時候和我分手，就像他在他前兩個孩子還是嬰兒時，就和他們的母親分手一樣，但這是不可能發生的！他跟我絕對不會像他跟之前的家庭一樣。

我試著在腦中編造這些藉口，我這是在自欺欺人，從頭到尾都在否認他會離開我的事實。我飛到紐約去看他，他有一陣子沒跟我聯絡了，我覺得我們一家人必須花點時間待在一塊。到了紐約，我住進了一間挺不錯的旅館，很期待能見到我的丈夫。

但他不肯來見我，他似乎想要假裝我這個人並不存在。

他的經紀人曾在我的團隊中待過幾年，他也不願意見我。他現在在凱文的團隊裡，而且看來他們都已經和我沒關係了。

「該死，真的假的？」我說。

我滿腦子都想著我要找到凱文，這樣我就能問問他發生了什麼事。我想要說，「你離開家到這裡來之前，我們還擁抱過，你也親了我。到底怎麼了？發生了什麼事？」

我一直懷疑有些事不太對勁，猜想他變了，尤其是在他開始受到媒體關注，自信了起來之後。有一次他很晚才回家，還告訴我他參加了一場派對。「賈斯汀．汀布萊克在那耶！」他說道。「還有琳賽．蘿涵（Lindsay Lohan）也在！」

我當時心想，你覺得我會在乎你那愚蠢的派對嗎？你知道我參加過多少像那樣的派對嗎？我認識那些人遠比和你認識的時間還要久。你知道我跟賈斯汀在一起的那些年間又經歷了些什麼嗎？不，你什麼都不知道。我並沒有說出我心裡想的那些話，但我很想這麼說，而且我想說的還不只這些。

凱文相當著迷於名氣與權力。在我的人生中，我一再見到名利毀人，而我也見證著這種事慢慢發生在凱文身上。根據我的經驗，大多數人（尤其是男人）得到了那種關注時，一切就完了，他們太喜歡那種感覺了，而那其實對他們並無益處。

有些名人懂得如何與名氣共處，他們有自己的想法，他們享受著受人仰慕的樂趣，但又不會太過頭。他們知道誰的意見應該要聽，誰的又應該不予理會。獲得各種獎項是件很酷的事，而且在一開始，也就是你剛成為名人的那兩年，那會給人一種令人難以言喻的感覺。我想有些人就是很擅長當個名人。

我並不是那種人。在我剛成名的那兩、三年，我還很擅長當個名人，那種感覺也很好，但真正的我是什麼樣子的呢？在學校的我是個籃球隊隊員，我沒有參加過啦啦隊，我不想要拋頭露面，我要上場打球，那才是我所喜愛的事。

但名氣呢？我的朋友啊，那個世界並不是真實的。那！不是！真的！當然了，因為名氣能替你付家裡的帳單，還能幫你買單一切，於是你就順勢而為。但對我而言，那其中缺乏了一種真實生活的本質，我想這就是我會生小孩的原因。

所以說獲獎和成就那種事嘛，我是很喜歡沒錯，但對我來說獎項和成就都不是永恆的。我喜歡的是在排練時滴在地板上的汗水，或是打球和投籃，我喜歡工作，我喜歡練習，這比其他東西都還要更加真實且有價值。

我其實很羨慕那些懂得如何妥善利用名氣的人，因為我自己是躲避著名氣，我怕出名。舉例來說，打從一開始，珍妮佛．羅培茲（Jennifer Lopez）就令我印象深刻，她是個很擅長當名人的人，既能滿足人們對她的興趣，又懂得該在何處劃清界線，她總能從容地處理好一切，也總是表現得端莊大方。

凱文就一點都不懂得怎麼做到那樣。我承認，我自己也很不擅長這種事，我是個容易緊張不安的人。隨著年齡的增長，我開始會躲避對我的大多數關注，這或許是因為我曾經被深深地傷過。

在那次難受的紐約之旅，我就應該要知道我的婚姻已經結束了，但我還是覺得或許還有挽回的餘地。後來，凱文又去了另一間錄音室，這次是在拉斯維加斯，於是我也去了那裡，希望能和他談談。

我找到他時，他已經把他的頭髮都剃了，正在準備為他的新專輯拍攝封面照。他一直都待在那間錄音室裡，他真的覺得自己現在是個饒舌歌手了。看在他那麼認真看待這工作的份上，就希望老天保佑他囉。

於是我就帶著尚恩．普雷斯頓還有肚子裡的傑登．詹姆斯出現在拉斯維加斯，我對凱文的處境滿是同情。他努力想自己闖出一番成就，但所有人似乎都懷疑他的能力。我懂那種感覺，像那樣子盡全力放手一搏是很可怕的。即便整個世界都讓你懷疑自己是否真的能成功，你還是得相信自己。但我也認為他應該多來看看我，並多花點時間陪陪我。我們的小家庭就是我的重心，我懷了他的孩子很長一段時間了，我也犧牲了很多，我幾乎是放棄了自己的演藝事業，我盡了一切努力想讓我們的家庭生活得以成真。

我把尚恩・普雷斯頓和一個保姆留在飯店房間裡，然後去了他的攝影片場。我又被告知他不想要見我，他後來說沒有這回事，他不可能會說那種話。而我所知道的一切就是我當時所經歷的：曾在我家工作過的保鏢守在門口，不讓我進去，我感覺好像那片場的每個人都在躲著我。我從一扇窗戶往裡面偷看，只看到一群年輕人在狂歡作樂，那片場已然成為了夜店，凱文和其他演員正抽著大麻，看起來很開心。

我感覺自己完全像個局外人。我看了那場景一會，裡頭沒有人看到我。然後我就和那保鏢說，「好，太棒了，」便轉身回飯店去了。

我待在飯店裡感到心煩意亂時，有人敲了我房間的門。

我應門一看，來者是我哥哥的一個老朋友傑森・崔維克（Jason Trawick）。他聽說了我發生的事。

「妳還好嗎？」他問道。他看起來是真心在意等著我的回答。

上一次有人這樣問我是什麼時候？我都不知道了。

ch.21

第二十一章

差不多在尚恩·普雷斯頓過一歲生日時，傑登·詹姆斯於二〇〇六年九月十二日出生了，他一出生就是個很快樂的孩子。

生了兩個兒子後，我感覺自己極度輕盈，輕到幾乎就像是一隻小鳥或是一根羽毛，彷彿自己可以隨風飄走。

我的身體狀態好得令我感到不可思議。我心想，**這就是重回十三歲的感覺嗎？我沒有肚子了。**

一個來找我的朋友說，「哇，妳看起來好瘦！」

「是呀，畢竟我連續兩年都懷著孕呢，」我說。

生完兩胎後，我感覺自己好像是個完全不一樣的人，這讓我很困惑。

一方面，我突然又能穿得下自己的衣服了。我試穿那些衣服時，它們都很好看！重新愛上那些衣服是個啟示。我心想，**天哪！我的身體！**

另一方面，還感覺得到這兩個孩子在我的身體裡得到保護的時候，我非常開心。一旦他們不在我的體內受我的保護，我就感到有點沮喪。他們在一窩蜂的狗仔隊和小報記者的圍堵下，顯得是如此地脆弱不堪。我希望他們能再回到我的身體裡，這麼一來這個世界就不能再傷害他們了。

「為什麼布蘭妮和傑登在一起時這麼不喜歡被拍照?」有個標題如此寫道。

在傑登出生之後，我和凱文更擅長把孩子們藏起來了，這也導致人們好奇為何他的照片都沒有被公開。我想如果有人能仔細思考這個問題，他們就能想出一些可能的答案。但沒有人是真心想要得到什麼答案，他們只是一昧地表現得像是我欠他們一樣，彷彿我應該要給那些一直想拍到我變胖的醜照的人們，拍到我孩子的照片才行。

每次孩子出生後，我得做的第一件事就是看向窗外，數一數停車場裡有多少敵方戰鬥人員。我每看一次，他們的數量好像都呈倍數成長，車子的數量也總是多得令人感到不安。看到那麼多人聚集在一起要拍我寶寶的照片讓我感到非常害怕。他們的任務就是要不惜一切代價拍到我孩子的照片，這攸關極為高昂的照片版稅。

而我的孩子們，他們都還那麼小，我的工作就是要保護他們的安全，我擔心拍照的閃光燈和叫喊聲會嚇到他們，所以我和凱文不得不制定策略來應對，我們用毯子蓋住他們，當然也確保他們還能呼吸。雖然我自己沒有蓋毯子，但我都快喘不過氣了。

那一年我不怎麼想應付媒體，但我還是接受了一次採訪，採訪人是《日界線》（Dateline）的馬特．勞爾（Matt Lauer）。他說人們都在問著關於我的問題，包含：「布蘭妮是個糟糕的母親嗎？」他從來沒說那些問題是誰問的，但很顯然是所有人。他還問我覺得要怎麼做才能讓狗仔隊放過我，我才希望他去問那些狗仔，這樣不管他們要我做什麼，我都會照做。

幸運的是，我的家還是個安全的避風港。雖然我和凱文的感情出了問題，但我們還是在洛杉磯蓋了一棟很棒的房子，就在梅爾．吉勃遜（Mel Gibson）的房子旁邊，電影《火爆浪子》（Grease）中的珊迪（Sandy）也住在附近，我每次看到她都會大聲地喊道「嗨，奧莉薇亞．紐頓．強（Olivia Newton-John）！奧莉薇亞．紐頓．強，妳好嗎？」

這是我們夢寐以求的房子，有個溜滑梯能直接滑進泳池裡，還有個裝滿玩具的沙箱，孩子們可以在裡面堆沙堡。我們有個迷你玩具小屋，裡頭有階梯、梯子，還有一個小走廊，而且我們還不斷添購新的東西放進去。

我不喜歡木地板，所以我就在家裡到處都鋪上了大理石，當然了，必須得是白色大理石才行。我們的室內設計師完全反對這點子，他說，「大理石地板超滑，而且很硬，如果妳跌倒了會摔得很痛。」

「我就是想要大理石！」我大聲地說，「我需要大理石。」

這是我的家，我舒服的窩，這裡他媽的美得不得了。但我想那時候其實我就知道自己變得很奇怪了。

我連續生了這兩個孩子，我的荷爾蒙嚴重失調了，我變得惹人厭且專橫跋扈。生孩子對我而言是件極為重要的大事，為了讓我們的家變得更完美，我幹了很多過分的事。現在回想起來，我覺得，天哪，那真是太糟糕了，承包商，對不起，我想我太在乎了。

我請了一位畫家來，在孩子們的房間裡繪製壁畫：小男孩們在月球上的奇幻畫作。我就這樣卯足了勁，我的夢想是生小孩，並在我所能創造出最舒適的環境中撫養他們長大。對我而言，他們是完美且美麗的，是我所渴望的一切。我想給他們全世界，甚至是整個太陽系。

頭兩個月我還不讓我母親抱傑登，我都開始懷疑自己是不是有點過度保護孩子了，不過之後我也只讓她抱他五分鐘，最多就是這樣了，我必須讓他回到我的懷抱裡。這太超過了，我現在知道了，我那時不該控制欲那麼強。

此外，我覺得在孩子們出生後，我第一次見到他們時的狀況，就跟我和賈斯汀分手後的狀況很類似：那就像《班傑明的奇幻旅程》中的班傑明．巴頓（Benjamin Button）所經歷的一樣，我的年齡倒轉了。老實說，作為一個新手媽媽，有一部份的我彷彿變成了孩子。一部份的我是個要求很高的成熟女人，會為了白色大理石而大吼大叫，而另一部份的我卻突然間變得很像個孩子。

孩子們在某方面來說非常療癒，他們會讓你不再那麼苛刻。他們是如此地天真無邪，又是那麼依賴著你。你會意識到所有人都曾是個小嬰兒，都曾那麼脆弱且無助。從另一個角度來看，生孩子對我而言在心理上是極為複雜的，潔美．琳恩出生時也是如此，我那麼愛著她且很能與她產生共鳴，這也讓我以一種奇怪的方式變得像她一樣。當她三歲時，有一部份的我也變成三歲了。

我曾聽說這種狀況有時會發生在父母身上，尤其是如果你在童年時期曾受過創傷。當你的孩子長到當時你得面對那些棘手麻煩事的年齡時，你就會在情感上重溫那段經歷。

遺憾的是，當時的社會並不會像現在這樣談論心理健康的議題，我希望讀到這本書的新手母親們如果陷入了艱難的日子的話，都可以盡早尋求幫助，將自己的情緒傾注到比白色大理石地板還更有療癒效果的事物上。因為我現在知道了，當時的我幾乎表現出了產後憂鬱症的一切症狀：悲傷、焦慮和疲憊。我的孩子們出生後，除了我自己的困惑與擔憂，我還擔心他們的安危，且隨著媒體對我們愈加關注，那種困惑與擔憂便愈發加劇。作為一個新手媽媽，光是要在不會被放大檢視的情況下，努力做好每一件事就已經夠困難了。

凱文又那麼常不在，我身邊沒有人看到我的狀況急遽惡化，除了全美上下的狗仔隊。

ch.22

第二十二章

我已經記不太清楚傑登回到我們家前幾個月的事了。我養了一隻狗，菲莉西亞幾度進出我的生活中。

在懷著傑登的時候，我把我的頭髮染黑了，我想把頭髮重新染回金色，結果變成了紫色，我不得不去美容院請人把我的頭髮重新染成合理的棕色調。我花了很長一段時間才把這件事搞定，我生活中幾乎所有事情都像這樣子，至少可以說，我的生活有點混亂：與賈斯汀分手，然後展開難熬的黑瑪瑙巡迴演唱會；嫁給一個似乎沒有人覺得合適相配的對象，然後在一段實則崩毀的婚姻中努力做個好母親。

然而，在錄音室裡的我總是感到非常快樂且富有創造力，在錄製《暈炫風暴》(Blackout) 專輯時，我感到無比自由，與出色的音樂製作人合作能讓我盡情發揮。有位名叫奈特．希爾斯 (Nate Hills) 的音樂製作人，他以丹賈 (Danja) 為其藝名，比起流行樂，他更喜歡電子舞曲；他帶我接觸到了新的音樂風格，讓我的歌路拓展得更多元且寬廣。

我喜歡那種沒有人會想太多、我可以自由說出自己喜好的感覺。我很清楚自己想要的是什麼，我也很樂意聽大家給我的眾多建議。進到錄音室裡，聽到這些美妙的音樂，並在其中加入人聲，這一切都很有趣。儘管我當時惡名昭彰，但當我走進錄音室時，我還是很專注且興奮地工作。令我感到非常難過沮喪的都是錄音室外發生的那些事。

狗仔隊就像是一支殭屍大軍，無時無刻都想要撲上來，他們試圖爬牆，從窗外朝你拍照。我要進出大樓都搞得像是在執行軍事任務一樣，那實在是太可怕了。

我的藝人開發（artist and repertoire，A&R）代表泰瑞莎・拉巴貝拉・懷茲（Teresa LaBarbera Whites）也為人母親，她盡自己所能提供幫助，她在我們其中一個錄音室裡放了一個嬰兒搖椅，我覺得這真的是個很貼心的舉動。

這張專輯是一種戰吼，我那麼多年都謹慎小心地試圖取悅我的父母，現在是我說「去你的」的時候了。我不再像過往那樣經營我的演藝事業了，我開始自己在街上拍影片，有個朋友會跟我一起去酒吧，那個朋友會帶著一台攝影機，我們就是這麼拍出了〈再危險，我也要〉（Gimme More）的MV。

我得先說清楚，我並沒有以此為榮，〈再危險，我也要〉的MV是我這輩子拍過最爛的MV了，它太俗氣了，我一點也不喜歡，它看起來像是我們只花了三千美元拍出來的一樣。然而，儘管它那麼爛，它卻還是得到了該有的效果。隨著我開始更常自己去做一些事情，有更多有趣的人開始注意到我，並且希望能跟我合作。最後我就靠著口碑而隨機找到了一些非常優秀的人才。

《暈炫風暴》是我做過最簡單且最令人滿意的一張專輯，它真的很快就製作完成了。我走進錄音室，在裡面待個三十分鐘，然後就離開了，並不是本來就計畫好要這樣做，而是我必須要快。如果我在一個地方待得太久，外頭狗仔的數量便會呈倍數增加，我就彷彿是被鬼魂追趕得逼到角落的小精靈（Pac-Man）。

在錄製〈如冰似火〉（Hot as Ice）時，我走進錄音室，裡面有六個大塊頭坐在裡面陪著我，那或許是我人生中最有靈性的一次錄音時刻了，有這些人靜靜地聽著我唱歌，我的聲音到了未曾到過的高點。我只完整唱了那首歌兩次就離開了，我甚至都不需要試音。

雖然製作《暈炫風暴》讓我感覺很好，但生活還是從各個不同的方向拉扯並撕裂我，每一分一秒的一切都是如此地極端。當時的我，給不了自己所需要的自我價值與意義。然而，儘管那段時期從各方面來看都很艱難，但在藝術層面上卻是段很棒的時期。我那時的心理狀態使我成為更優秀的藝術家。

我在製作《暈炫風暴》時感到一股興奮刺激的感覺，我可以在最棒的錄音室裡工作，那真是一段瘋狂且快樂的時光。

不幸的是，不順遂的家庭生活占據了我的心，讓所有的美好事物感覺起來都沒有那麼好了。我為自己與家人之間的各種不愉快感到難過，但我仍然為那張專輯感到非常自豪。很多藝人都說過他們受到了那張專輯的影響，我也常聽到歌迷說那是他們最愛的一張專輯。

與此同時，凱文得到許多媒體曝光，你會以為他剛在世界大賽（World Series）上打了一支滿貫全壘打，我都不認識他這個人了。後來他還受邀為超級盃（Super Bowl）拍攝將在全國播放的廣告，即便他得在廣告中自嘲也不是重點，他扮演一個夢想成為明星的速食店員工。他接到這份工作邀約後，我基本上就再也沒有見過他了，搞得好像他優秀到我都沒資格和他說話了。他告訴所有人，當個父親對他而言是最重要的事，是他生命中最棒的一件事。這我可感覺不到，可悲的事實是他根本就經常不在家。

ch.23

第二十三章

我是真心真意嫁給凱文，如果你看到我在婚紗照中的雙眼就能明白：我是如此深深地墜入愛河且準備好展開人生的新篇章，我想要和這個男人生小孩，我想要一個舒適溫暖的家，我想跟他白頭偕老。

我的律師告訴我，就算我不訴請離婚，凱文也會這麼做。我從中得到的結論是，凱文想要提離婚，可是提的話又會感到內疚，他知道如果是由我來訴請離婚，那他在社會大眾眼中的形象會比較好。我的律師跟我說凱文無論如何都會提出離婚申請，有人勸我說，那最好是我自己先提離婚，這樣我就不會那麼難堪。

我不想要落入難堪的窘境，於是在二〇〇六年十一月初，傑登快要兩個月大的時候，我提交了訴請離婚的文件。凱文跟我都要求孩子們的單獨監護權。我不明白的是，凱文後來堅持要我支付他的法律費用。而且就法律上來看，因為離婚是我提出的，所以媒體就會認為是我破壞了我這個剛建立沒多久的家庭。

媒體的關注太瘋狂了，這或許對凱文的專輯有好處，因為那專輯是在我們宣布離婚的前一週發行，但我卻遭受著人們的非議。有些人想要支持我，但在媒體上，他們往往是透過針對凱文的尖刻言論來表示支持，這麼做實際上並沒有什麼幫助。

當月月底，我去全美音樂獎頒獎。在我等著要上台時，吉米．金默（Jimmy Kimmel）講了一段關於凱文的短劇段子，他稱凱文是「破天荒的零片歌手」（the world's first-ever no-hit wonder），他們還把長得像他的替身裝進箱子裡封起來，再放上卡車載去丟到海裡。

但他是我兩個年幼孩子的父親，我覺得針對他的這種暴力言辭令人不安，而全場觀眾都放聲大笑，我並不知道會發生這種事，這讓我完全措手不及。我上台將獎項頒給了瑪麗．布萊姬，但我後來回到後台，並試著表明這橋段來得出乎意料，我並不喜歡這段內容。我也不認為在爭奪監護權的過程中，讓我的前夫遭受這樣的待遇對我會有什麼好處。

除了我以外的所有人似乎都為我們離婚的消息感到高興，而我根本不想為此慶祝。

╳╳╳

現在看來，我覺得賈斯汀和凱文都很聰明，他們知道自己在做什麼，而我也中了他們的計。

這一行就是這樣子。我從來不知道怎麼玩這個遊戲，我不懂該如何在各方面展示自己，也不擅長打扮自己——該死，我承認我現在還是不會打扮，而我一直在努力，我盡力試過了。然而，儘管我有著那麼多的缺點和瑕疵，但歸根究柢來說，我知道我是個好人。我現在明白了，你必須夠聰明、夠狠毒且夠深思熟慮，才能玩好這個遊戲，但我並不懂這個遊戲。我真的太天真且一無所知，我才剛成為兩個小男孩的單親媽媽。我沒有時間先整理好自己的頭髮再走進了一大群狗仔攝影師的鏡頭中。

當時的我還年輕，也犯過很多錯，但我要說：我並沒有被誰操控，我只是自己太笨了。

賈斯汀和凱文毀了我的某個部分。我曾經很信任他人，但自從與賈斯汀的分手還有後來的離婚之後，我就再也不相信任何人了。

ch.24

第二十四章

在我真正需要善意的時候，對我最和善的一個人是芭黎絲・希爾頓。在美國，很多人把她貶為派對女孩，但我認為她很優雅，比如說她走紅毯時姿態優雅，每當有人惡毒批評她，她也能維持一貫的自信。

她看我生了小孩，又因為離婚而傷心，我想她為我感到難過。她來我家，幫了我好多忙，她對我真的是很貼心。除了和傑森・崔維克在賭城共度的那個晚上，我感覺已經好久沒有人對我這麼貼心了。我開始會跟芭黎絲一起出去玩，她鼓勵我做點開心的事，我好久沒做開心的事了。

跟芭黎絲在一塊，我經歷了我的派對階段。但我先說清楚：根本不像媒體講得那麼誇張。有一段時間我完全沒有出門，是在我請到合格保母在家好好地看著孩子，我才有出門幾個小時，在外面待晚一點，我跟任何二十幾歲的人一樣，也會喝酒，但大家把我形容成史上最糟糕的媽媽，還說我是個糟透了的人。小報上充滿了對我的指控：她是個賤貨！她嗑藥！

我從來沒有酗酒。我喜歡喝酒，但一直都有節制。你想知道除了喝酒之外，我唯一選擇的藥物是什麼？阿德拉（Adderall），給過動症（ADHD）兒童服用的安非他命。阿德拉讓我嗨起來沒錯，但它更吸引我的是讓我能夠有幾個小時不那麼憂鬱。這是唯一對我有效用的抗憂鬱劑，我當時真的覺得我非常需要吃抗憂鬱劑。

我從來就對成癮藥物（hard drugs）沒有一丁點興趣。我在音樂圈看到很多人用，但那不適合我。我老家的人大多喝啤酒，一直到現在，我也不喜歡喝昂貴葡萄酒，因為喉嚨會辣辣的。我甚至也不喜歡大麻，除了在紐約腳後跟受傷那次。如果身邊的人抽大麻二手菸影響到我，我會覺得自己反應變遲鈍，我討厭那個感覺。

你知道我和芭黎絲跟琳賽．蘿涵一起出去的那次，被所有人講得好像多瘋的那個晚上，我和芭黎絲做了什麼嗎？我們喝醉酒。就這樣！

我們當時住在一間海灘別墅，我母親在幫我顧小孩，於是我跟芭黎絲出去。我們很嗨，喝酒玩得很開，跟朋友一起放鬆的感覺很好，我一點也不覺得哪裡有錯。

某天晚上，我玩完回來走進海灘別墅，剛才的冒險讓我很開心，我也還有一點醉。

我母親熬夜等我。當我走進門，她對著我大吼大叫，我們大吵一架。

她說是因為我喝到爛醉。

她沒有說錯。我是喝到爛醉，但這在我家又不是什麼天地不容的大錯。而且那天晚上我請她幫忙顧小孩，又不是不負責任就跑出去玩，小孩不會看到母親喝醉。

羞愧的感覺讓我心死。我站在那裡，覺得天旋地轉，心想，好哦。我猜我被禁止出門玩樂了。

雖然我已經很努力要做好，但是母親總是讓我覺得我很壞或是做錯事。我家人一直都是這樣對我，彷彿我很壞似的。那次爭吵是我和她關係的轉捩點，再也無法回到從前。我們努力過，但是沒有用。

無論我在全世界有多少粉絲，我的父母從來不覺得我有多少價值。當你的孩子正在辦離婚，孤單又徬徨，你怎麼能這樣對待她？

在別人處於困境時不肯寬容對待對方，是不厚道的行為，尤其他們自己面對困境時也好不到哪裡去。每當我試著說出我的想法，稍微指出他們的不是之處（天知道他們自己也不是樣樣都好），他們無法接受。可是，我在情感上還是非常受制於他們。

ch.25

第二十五章

大家所說的為人父母會帶來的種種變化，我全都能體會。我的人生因為我的兒子才有了意義。我立刻毫無保留地愛上那兩個小東西，連我自己都感到震驚。

然而，我在家裡和在外都面對好多壓力，當一位母親比我預期的還要辛苦得多。

和朋友斷了聯絡之後，我開始變得有點奇怪。我知道這個階段就是要專心做個母親，但我很難每天坐下來和他們玩，把當母親視為第一要務。我非常困惑。我只知道一直以來我的生活中大小事都被攤在眾人面前，我不知道該何去何從。我是不是該回路易斯安納州老家，買棟房子築起高牆，躲在裡頭？

當時的我看不出來，但現在的我明白了，就是我被剝奪了過正常生活的權利。我只要公開露面就是頭條，雖然是新手二寶媽卻不能犯一般錯誤，我感覺無法信任身邊的人。我沒有自由，也沒有安全。我現在也才明白，那時候我有嚴重的產後憂鬱症。我承認，當時我覺得情況再不好轉，我就活不下去了。

別人都在做自己想做的事，我卻處處受到監視。賈斯汀和凱文都可以到處跟人上床或呼麻呼到爽，沒有人說一句話，我去一次夜店就被自己的母親責罵到不行。我變得什麼事都不敢做。我的家人讓我覺得自己不能動彈。

任何一個願意介入我和我的家人之間作為緩衝的人，都會吸引到我，尤其是可以帶我出去玩樂、讓我暫時忘掉自己處處受到監視。長遠來看，這些人裡頭並非全都是好人，但我那時迫切需要一個看起來願意以任何方式幫我的人，或是看似有能力把我的父母擋在我的生活圈之外的人。

凱文為了爭奪單獨監護權，試著說服所有人說我完全失控。他開始說孩子不能再待在我身邊，任何時候都不行。

當他這麼說的時候，我記得我心想，你當然是在開玩笑的。這只是做給小報看的。每當報章雜誌刊出明星夫妻爭吵，很難知道哪個部分才是事實。我一直以為，很多東西是餵給媒體的，這樣在打監護權官司的時候就能佔上風。因此他把孩子帶走之後，我一直等著他再把孩子送回我身邊。但他不僅不肯送孩子回來，還好幾個星期不讓我見孩子。

二〇〇七年一月，我的阿姨桑德拉因卵巢癌去世，她生前被病魔折磨了很長一段時間。桑德拉阿姨就像我的第二個母親，葬禮時，我在她的墓前哭得痛徹心扉，我從來沒有哭得這麼厲害過。

我無法想像在這個時候去工作。一位炙手可熱的導演打電話給我，提到他正在進行的案子。「我有個角色想由妳來演，」他說，「是一個相當黑暗的角色。」

我婉拒了，因為我覺得對我的情緒健康不太好。但不曉得是不是僅僅聽他說了這個角色，我就在潛意識裡想像，如果我是她的話會怎麼樣。

好久以來，我都感覺心裡有一片烏雲，我試著在行為打扮上符合他人期望，總是一副甜美可人的模樣。但到了這個時刻，表面的裝飾已經被磨損殆盡到一點也不剩了。我就像是裸露的神經一樣。

╳╳╳

到了二月，太久沒看到兒子讓我悲痛到不知怎麼辦，我去拜託凱文讓我見見孩子。他不讓我進門。我甚至懇求他。傑登・詹姆斯五個月大，尚恩・普雷斯頓一歲又五個月。我想像著他們不曉得母親在哪裡，也不知道為什麼她不要跟他們在一起。我只想把門撞開去到他們身邊，我不知道該怎麼辦。

狗仔隊看著事態的發展。我無法形容那是多大的羞辱，我被逼到絕路。這些男人一如往常追著我跑，等著我做出什麼事，讓他們拍照。

於是，那天晚上我給了他們一些素材。

我走進一間髮廊，拿了電動理髮器把頭髮全部剃光。

每個人都覺得很滑稽。看她瘋成這樣！連我父母也一副為我尷尬的樣子。可是似乎沒有人明白，我只是悲痛到失去理智。我的孩子從我身邊被帶走了。

我剃頭之後，每個人都怕我，甚至我母親也怕我。沒有人願意跟我說話，因為我太難看。

我知道我的長髮是很多人喜歡我的主要原因。我知道很多男人覺得長髮才辣，剃掉頭髮，就是我向這個世界說：去你媽的。你要我為你裝得漂漂亮亮？去你媽的。你要我為你表現乖巧？去你媽的。你要我做你的夢幻女孩？去你媽的。多年來，我一直是乖女孩。無論是電視節目主持人色瞇瞇瞄我的胸部時，美國父母說我穿中空裝是帶壞小孩時，當我賣出百萬張專輯、唱片公司高層還是一副高高在上拍拍我的手、質疑我所做的事業選擇時，或是我的家人表現得好像我十惡不赦時，我一直都是禮貌地微笑。而我受夠了。

總之，我不在乎了。我只想看到孩子。一想到他們不在我身邊已經多少天，多少個星期，我就覺得噁心難受。我的人生中最特別的時刻就是和我的孩子一起睡午覺，這是我感到最接近神的時刻，和我的寶貝一起睡午覺，聞著他們的髮香，握著他們的小手。

我變得憤怒無比。我想，很多女人都能了解。有個朋友曾經說：「如果有人把小孩從我身邊帶走，我會做的遠不只是剃頭。我會把整座城燒毀。」

ch.26

第二十六章

看不到孩子的那幾個星期，我多次情緒失控。我甚至不知道怎麼照顧自己。因為離婚的關係，我得搬出心愛的家，隨便在比佛利山莊找了一間英式房屋住著。狗仔隊現在更加興奮地盤旋，就像鯊魚在水裡偵測到血。

我剛剃頭的時候，幾乎有種虔誠的感覺，我以純粹的生命在過生活。

我買了七頂假髮準備在我想出門的時候戴，全都是鮑伯頭。但是看不到兒子的話，我誰也不想見。

我剃光頭幾天之後，我的表妹艾莉（Alli）載我回凱文那邊，我以為至少這次不會被狗仔看見，但顯然有人給其中一個攝影師通風報信，接著這人打電話給他的同伴。

我們停在加油站的時候，那兩人向我走來。我傷心欲絕地坐在後座，等著艾莉回車上的時候，他們透過車窗用一台大相機開閃光燈拍我，同時錄影。其中一個人發問：「妳好嗎？過得還可以嗎？我很擔心妳。」

我們繼續開車去凱文家。那兩個狗仔一路跟著，拍到我又被凱文擋在門外，我想見孩子又被拒絕。

我們離開後，艾莉先靠邊停車，我們盤算下一步該怎麼做。那個錄影的人又湊到我的車窗前。「布蘭妮，我的打算是這樣，我要問妳幾個問題，」兩人之中的一個惡狠狠地說。他不是詢問他能否問我問題，他是告訴我他要怎麼處置我。「然後我就放妳走。」

艾莉開始懇求那兩個人離開。「拜託，兩位，不要這樣，拜託……」

她說得那樣客氣，彷彿求他們饒我們一命，感覺起來也相去不遠。

但他們不肯罷手。我尖叫。

他們喜歡我有反應。其中一個人要拍到他要的內容才肯走，他滿臉奸笑，不斷重複問我一些很糟糕的問題，想辦法激我再做出反應。他的聲音滿是醜惡，簡直毫無人性。

這已經是我人生中最糟糕的一刻，他還一直逼迫我。他就不能把我當一個人看待嗎？他就不能罷手嗎？他不但不要，還持續逼我，一而再再而三問我看不到兒子有什麼感覺，一邊問一邊微笑。

最後我崩潰了。

我抓了手邊唯一的東西跳下車，是一把綠色雨傘。我不是要打他，就算我狀況再糟，我也不是會打人的人。我出手的是最接近的選項，他的車。

其實很可悲，一把雨傘。雨傘是能造成什麼破壞。那是一個絕望之人做出的絕望之舉。

我對自己的行為感到很難為情，事後寄了一封道歉函給那家攝影社，提到我因為在揣摩一個陰暗的電影角色而表現異常，這也是事實。

後來有一部關於我的紀錄片訪問了那名狗仔，「那天晚上她運氣不好……但我們運氣很好，因為我們拍到了可以賣出高價的照片。」

我先生海山（Hesam）跟我說，漂亮女生現在流行剃光頭。他說，這是個潮流也是個選擇，就是女生抗拒傳統對美的概念。他是想試著讓我好過一點，因為他知道剃光頭事件仍然帶給我傷痛。

ch.27

第二十七章

我覺得我好像活在懸崖邊緣。

剃光頭之後，有天我去布萊恩在洛杉磯的公寓。他有兩個前女友從密西西比過來，我母親也在，她好像不願意看著我似的，因為我現在很醜。這件事證明了即便我正在受苦，情緒跌到谷底，世人還是只在乎我的外表。

那年冬天，我被告知如果進勒戒中心的話，會有助於我拿回監護權。因此，儘管我覺得我的問題比較是憤怒和悲傷，而不是藥物濫用，我還是去了勒戒中心。我到的時候，我父親在現場。他和我隔著三張野餐桌對坐。他說，「妳真丟臉。」

回首當時，我在想我為什麼沒有找大羅伯幫我？我已經那麼羞愧又難為情了，父親還罵我丟臉。俗話說「鞭打死馬」指的就是如此。他把我當成狗一樣看待，還是一隻難看的狗。我無依無靠，只有自己一個人。我猜去勒戒中心的一個好處，大概是我開始了療癒的過程，我決心把這個艱困處境視為一個契機。

離開勒戒中心之後，一位優秀的律師幫我暫時爭取到一半監護權。但我和凱文的爭鬥越演越烈，讓我身心俱破。

《暈炫風暴》是我生涯中最引以為傲的作品，在二〇〇七年萬聖節前後上市。我預計在音樂錄影帶獎（VMA）上表演〈再危險，我也要〉來宣傳這張專輯。我並不想上台，但我的團隊向我施壓要我走出去，給大家看到我很好。

這個計劃只有一個問題：我並不好。

那天晚上在音樂錄影帶獎後台，一切都不順利。我的服裝和髮片都出了問題。我前一晚沒睡，整個人頭暈暈的。我在兩年內生了兩個孩子，第二個孩子出生還不滿一年，但所有人都把我沒有六塊肌當成一種冒犯。我無法相信我必須帶著這些感受上台。

我在後台遇到賈斯汀，自從上次看到他已經好一陣子了。他的人生和事業一切進展順利，他在各方面都處於巔峰，非常趾高氣昂。我恐慌發作。我排練不足，討厭自己的模樣。我知道演出一定很糟。

我上了台，在當下盡我所能全力以赴，但那次的確離我的最佳表現還差得遠。表演的時候，我可以從場館四周的螢幕上看到自己，那感覺很像在哈哈鏡裡看著自己。

我沒打算辯說那次演出很棒，但我要說的是，所有表演者都會有表現不佳的時候。只是，通常他們碰到的後果不會那麼極端，通常也不會就那麼湊巧，在你人生中最不順的同一天和同一個場合，剛好是你前任最順的一天。

賈斯汀踩著滑溜的腳步從走道開始他的表演。他跟觀眾席裡的女孩調情，其中一個轉身背對舞台向後仰，在賈斯汀對著她唱歌的時候一邊晃動她的胸部。接著，妮莉・費塔朵（Nelly Furtado）及提姆巴蘭（Timbaland）上台跟他合唱，三個人好開心、自在又輕鬆。

典禮進行到後頭，莎拉・席佛曼（Sarah Silverman）上台吐槽我。她說我在二十五歲時的成就已經是我這輩子的巔峰，說我的兩個寶寶是「你所見過最可愛的錯誤」。不過我是後來才聽到這些的，因為當時，我正在後台抽抽噎噎哭得無法自己。

隨後幾天和幾週的新聞報導都在嘲笑我的身材和演出。菲爾醫生（Dr. Phil）** 說我的表演像火車出軌。

** 菲爾醫生本名菲爾・麥格勞（Phil McGraw，暢銷書作家、心理醫生、日間脫口秀主持人。

《暈炫風暴》在二〇〇七年十月發行的時候，我只做過一次宣傳，就是去電台接受萊恩・西克雷斯特（Ryan Seacrest）訪談。訪談主題應該是專輯，但萊恩・西克雷斯特問我諸如此類的問題：「妳怎麼回應批評妳不是好母親的人？」還有「妳覺得妳已經為孩子盡力了嗎？」以及「妳多常看到孩子？」

感覺起來大家只想聊一件事：我到底是不是稱職的母親。他們不想談我在抱著兩個寶寶、成天被幾十個危險的男人追逐的同時，還做了一張出色的專輯。

我的經紀團隊辭職不幹。其中一個保鏢找了律師葛洛莉亞・歐瑞（Gloria Allred）陪同出庭，擔任監護權官司的證人，他說我用藥。沒有人對他交叉詢問。

一位法庭指派的親職培力師（parenting coach）說，我愛我的孩子，很明顯我跟孩子的連結緊密。她也說在我家裡沒有看到任何稱得上藥物濫用的情形。

但這部分沒有上頭條報導。

ch.28

第二八章

二○○八年一月初某一天，兒子們在我這邊。探視結束，一個從前受僱於我、現在受僱於凱文的保鏢來接他們。

他先把普雷斯頓送上車。當他回來帶傑登的時候，我忽然出現一個念頭：我可能再也看不到兒子了。監護權官司打成這樣，我害怕萬一把孩子送回去，我可能就再也無法見到他們。

我帶著傑登衝進浴室，鎖上門。我不能讓他走。我不要讓任何人帶走我的寶貝。有一個朋友在我家，他來到浴室門口，跟我說保鏢會等。我抱著傑登，嚎啕大哭。但是沒有人多給我一點時間。我還沒有意識到發生什麼事，一群穿黑色制服的特種警察撞開浴室的門，彷彿我傷害了什麼人似的。我唯一的過錯，是在絕望中把自己的孩子多留在身邊幾個小時，希望有人能擔保我不至於再也看不到他們。我看著我的朋友，只說了「可是你說他會等我的……」

他們把傑登從我身邊帶走之後，就把我綁在擔架上送到醫院。

醫院將我拘留了七十二小時之後讓我出院，但災禍已經釀成。狗仔隊的追逐變本加厲，對我的情況只是雪上加霜。在新的監護權聽證會上，我被告知因為我太怕失去孩子而恐慌發作，我現在獲允能見到他們的時間更少了。

我覺得沒有人站在我這邊，甚至我的家人好像也不在乎。快過節那時，我從小報的獨家報導得知我十六歲的妹妹懷孕，家人瞞著我這件事。也是在這個時期，潔美・琳恩差點向法院訴請與我們的父母脫離親權（emancipation）‡。她對他們提出多項指控，包括她的手機被拿走。她後來偷偷用一支拋棄式手機才得以和外界聯絡。

我現在明白，如果有人過得不好（我那時候真的過得不好），那種時候你應該走過去抱抱他們。凱文奪走了我的世界，那個衝擊震得我喘不過氣。我的家人沒有抱住我，我開始懷疑他們是不是看到我的人生跌到谷底，私底下幸災樂禍。但是不可能會這樣吧？我一定是想太多了。

是吧？

‡ 美國大多數州設有獨立未成年人原則（emancipation），即在未成年人結婚、從軍、離開父母或監護人而獨立生活並有合法收入等一定情事下，年滿十六歲之未成年人或其父母可請求法院判決該未成年人脫離親權而獨立，並解除父母之保護教養義務，以促進獨立之未成年人得以自律追求自己選擇的生活方式及價值。見《醫療法上之得未成年人同意與親權濫用》，碩士論文，李冠儀撰。

ch.29

第二十九章

洛杉磯一年到頭都是陽光普照的暖和天氣。開車經過城裡，有時候很難知道現在是哪個季節。無論望向何方，晴朗的藍天之下，都有戴著墨鏡、用吸管喝冷飲的人們在談天說笑。但是二〇〇八年一月，就連在加州，冬天也真的像冬天了，因為我感到孤單寒冷，而且被送進醫院住院。

我可能不該承認這一點，但我那時開車很瘋。

我服用很多阿德拉。

我的行為糟糕，我也承認自己做錯事。跟凱文之間的事讓我非常憤怒，我那麼努力跟他在一起，付出了一切。

他卻忽然這樣攻擊我。

那時我開始跟一位攝影師交往。我徹底迷上他。他當過狗仔隊，我明白大家覺得他不懷好意，但當時我只看到他騎士風度的一面，其他人行徑太過分的時候，他會出手幫我。

那時，如果有什麼不爽的事，我一定大聲講出來讓你知道，我不會多加考慮。（要是當時的我像二〇二三年七月在賭城那次被打到臉，我百分之百會打回去。）‡‡‡

我什麼都不怕。

狗仔隊總是追著我們跑。他們的追逐行徑真的很瘋狂，有時很挑釁，有時候也跟我們鬧著玩。很多狗仔試著拍我的醜照來賣錢，以證明「哦，她迷失方向，現在看起來瘋瘋癲癲的。」但有的時候他們也希望我看起來美美的。

有一天，我跟那位攝影師被追逐，我永遠不會忘記我們一起經歷的那一刻。我們在懸崖邊開快車，不知道為什麼，我決定在懸崖邊來個一百八十度迴轉。說真的我甚至不知道我會開一百八十度迴轉，這完全超出我的能力，所以我覺得應該是神助吧。但我撐住了，汽車的後輪停在看起來像是懸崖的最邊邊。如果方向盤再轉個三次左右，我們大概就會摔下懸崖。

‡‡‡ 事發當時，布蘭妮在飯店大廳看見美國職籃球員文班亞馬（Victor Wembanyama）走在前方，她伸手拍對方肩膀時遭對方保鏢用力拍掉，導致她的手打到自己的臉。

我看著他，他看著我。

「我們差點就死了，」我說。

我感到充滿了活力。

身為父母，我們總是跟孩子說，「要注意安全，不行這樣，不行那樣。」就算安全至關重要，我覺得一樣重要的還包括有所醒悟，提醒自己記住解放的感覺，無所畏懼地體驗世界上所有事物。

那時候我不曉得那位攝影師已婚，完全不知道我其實是他的小三，我是分手之後才知道的。我只覺得他很有意思，我們在一起的時間充滿激情。他比我年長十歲。

無論去哪裡（有段時間我常常出門），總是有很多狗仔。雖然關於我失控的報導很多，但我不認為我失控的程度需要招致接下來發生的事。歸根究底就是我很悲傷，悲傷到無以復加，每當孩子在凱文那邊，我就非常想念他們。

那位攝影師在我沮喪的時候幫助我。我渴望關注，他給了我需要的關注。我和他只是一段建構於慾望的關係。我的家人不喜歡他，但我的家人也有很多我不喜歡的地方。

那位攝影師鼓勵我反叛。他讓我盡情探索和冒險，但依然愛我。他無條件愛著我。不像我母親，因為我出去玩就對我大吼大叫。他說，「女孩，去吧，妳可以的，想做就去做！」他也不像我父親，為他的愛設下苛刻條件。

於是在攝影師的支持下，我百分之百做了想做的事。那樣地撒野有種激進的感覺，我徹底偏離了所有人希望我該有的模樣。

我說話的方式彷彿我瘋了一樣。無論去哪裡，我都表現得很吵鬧，甚至在餐廳裡。朋友跟我一起出去吃飯，我會躺在餐桌上。我用這種方式，對著任何一個出現在我生活裡的人說一句「去你的！」。

我是說，我承認啦：我當時很壞。

也許不是壞，只是非常非常憤怒。

我想逃離一切。孩子不在我身邊，我也需要遠離媒體和狗仔隊。我想離開洛杉磯，於是那位攝影師和我去了墨西哥一趟。

那感覺好像我逃到了一個安全藏身處。在其他地方，總是有一百萬個人守在我的門外。但是一離開洛杉磯，雖然時間很短，我還是覺得遠離了一切。這個方法奏效了，有陣子我覺得好了一點，早知道就該多試試。

我跟攝影師的關係似乎越來越認真，同時，我感覺得到我的家人試著接近我，他們採用的方式令我不太舒服。某天我母親打電話給我，說道，「布蘭妮，我們覺得好像出了事，聽說警方在追捕妳。我們去海濱別墅吧。」

「警方追捕我？」我說。「因為什麼事？」我沒做任何非法的事，這我可以肯定。我的確曾經在一些時刻撒野，嗑了阿德拉之後舉止瘋狂，但我沒做出任何犯法的事。事實上我母親也知道，前兩天我都跟女生朋友在一起。我母親、我表妹艾莉，以及另外兩個女生朋友才來我家過夜。

「妳到別墅來就對了！」她說。「我們想跟妳談談。」

於是我跟她們一起過去，攝影師在那邊跟我碰面。

我母親表現得很可疑。

攝影師到那邊的時候，他說，「情況不太對，是吧？」

「對，」我說。「非常不對勁。」忽然間，直升機在屋子周圍盤旋。

「他們來抓我的？」我問我媽。「現在是在開玩笑嗎？」不是開玩笑，家裡忽然出現一支看起來由二十個人組成的特警隊。

「我他媽的做了什麼？」我不斷大喊。「我什麼也沒做！」

我知道我這陣子行為脫序，但我沒做出任何事情足以讓他們像對付銀行搶匪一樣對我，沒有任何一件事讓他們合理推翻我的整個人生。

後來我開始相信，自從上次我被送進醫院評估以來的那個月裡，事情發生了一些變化。我父親跟他崇拜的露易絲・「露」・泰勒（Louise "Lou" Taylor）建立了親密的友好關係，她是推動對我監管的主要人物，之後他們藉由監管令掌控了我的事業。露新成立了一間名為三星運動與娛樂集團（Tri Star Sports & Entertainment Group）的公司，她在監管令生效之前直接主導了種種決策。那時候她沒幾個真正的客戶，她基本上利用了我的名氣和我的努力來建立她的公司。

監管令又稱為監護令，通常專門用在失去心智能力、無法生活自理的人身上，但是我生活自理毫無問題。我才剛完成生涯中最佳專輯，幫很多人賺了很多錢，尤其是我父親。我後來發現他付給自己的薪水比付給我的還多，他付給自己超過六百萬美元，同時付給他身邊的人超過數千萬美元。

重點在於，監管令可以設定為兩個月，等到受監管的人步入正軌，你就把生活掌控權交還給他們。但是這並非我父親要的，他要的遠超過如此。

我父親得以設立兩種形式的監管令，一種叫「人身監管令」，一種叫「財產監管令」。人身監管令是用來控制被監管人的生活細節，例如住哪裡、吃什麼、能不能開車，以及他們的日常活動。

雖然我懇求法庭指派我父親以外的任何人，甚至隨便一個路人都是更好的選擇，但我父親還是得到了這項任務。在我小的時候，我不得已坐上他的車時都會哭，因為他自言自語。法院還被告知我精神錯亂，不得選擇自己的律師。

我的財產價值一度高達數千萬美元，監管令的財產監管部分，管理受監管人的事務，以防他們「遭受不當影響或詐欺」。我父親和一個叫安德魯・華勒特（Andrew Wallet）的律師共同負責這部分，華勒特後來年領四十二萬六千美元，負責讓我無法動用自己的錢。我後來也被迫每年支付超過五十萬美元給法院指派給我的律師，而且不允許我換人。

我感覺彷彿我父親和露的員工羅蘋・格林希爾（Robin Greenhill）統治著我的生活，並監視我的一舉一動。我是個身高五尺四吋的流行歌手，尊稱每個人為「先生」或「女士」，他們對待我的方式彷彿我是個罪犯或危險人物。

過去的日子裡，當我曾經需要父親，我主動聯繫卻找不到他。但要他當監管人的時候，他當然毫不猶豫地接手！他在乎的一直都是錢。

我母親也好不到哪裡去。她跟我的女生朋友來我家待了兩個晚上，還裝得一副什麼都不知道的樣子。她徹頭徹尾都知道他們要把我帶走。我深信一切都是預謀，我父母還有露・泰勒都涉入其中，三星甚至本來預計做為我的共同監管人。後來我才得知，當他們將我置於監管之時，我的父親剛剛破產，他在財務上欠露至少四萬美元，對他來說已經是一大筆錢了，尤其是在那時候。我新聘的律師馬修・羅森加特（Mathew Rosengart）後來在法庭上稱之為「利益衝突」。

他們違反我的意願送我進醫院沒多久，我就被告知監管令的文件已經送件。

ch.30

第三十章

我的世界崩潰時，我母親正在寫回憶錄。她寫到看著她美麗的女兒剃光頭髮，心想怎麼會變成這樣。她說我以前是「世上最快樂的小女孩。」

當我做出錯誤舉動，我母親表現得好像不關她的事。她會上電視分享我的每一個錯誤，宣傳她的書。

她利用我的名氣寫書，在我和哥哥妹妹都瀕臨精神崩潰的時候，大談她對我們的教養方式。潔美．琳恩未成年懷孕，布萊恩找不到人生的方向，依然深信他讓我們的父親失望，我則是完全崩潰。

書出版之後，她上遍晨間節目打書。我打開電視會看到畫面閃過我的MV幕後花絮，還有我剃光頭的畫面。

我母親在梅莉蒂絲．維埃拉（Meredith Vieira）主持的《今日》（Today）節目說，她花了好多時間也想不通我怎麼會偏差成這樣。她上另一個節目說我妹妹十六歲懷孕，觀眾在鼓掌。太他媽的經典了，觀眾鼓掌，顯然是因為她跟孩子的爸還在一起！沒錯，她十七歲就嫁人生小孩，多麼美好！他們還在一起！太棒了！即便懷孕生子的她自己還是個小孩！

我正處於人生中最黑暗的時期，我母親還在那邊跟觀眾說，「哦，對了，還有……布蘭妮。」

每個節目都在螢幕上大量放送我的光頭照。

這本書是她的重要計劃，內容都在消費我。出書的時間點真是他媽的令人不可置信。

當時我嚴重產後憂鬱，被丈夫拋棄，因為與兩個幼子分離而受盡折磨；我親愛的桑德拉阿姨過世，狗仔隊無時無刻緊迫盯人。我可以承認，當時的我開始有一點像個小孩子在思考。

但我回顧那段時間裡自己做過最糟糕的事，我認為全部加起來也比不上我母親寫書跟宣傳書這麼殘忍。

她上晨間脫口秀試著推銷她的書，與此同時我在醫院裡快被逼瘋，因為我跟我的寶貝分離了好幾個星期。她利用我的黑暗時期來賺錢。

那段期間，我的腦袋不是最靈光，這是事實。但是很多人看完我母親的書得到的結論是：「哦，布蘭妮好壞。」她的書甚至讓我相信我很壞！她做出這種事的時間點，是我已經感到很羞恥的時候。

我對天發誓，當我想到如果我的孩子在襁褓之中經歷了跟我一樣的困境，我就想哭。如果我其中一個兒子正經歷類似的處境，你覺得我會趁機寫一本書嗎？

我會無法承受。我會盡一切力量幫助他度過難關，我會抱著他，讓事情好起來。

我絕不可能剪個鮑勃頭、換上一套優雅的褲裝，上晨間節目坐在他媽的梅莉蒂絲・維埃拉對面，利用子女的困境來賺一筆。

有時候我在ＩＧ上講幹話，人們不懂我為什麼對父母親充滿怨憤。但我想他們要是能設身處地就會明白了。

ch.31

第三一章

他們設立監管令，聲稱是因為我沒有任何自理能力。說我無法自己進食，支配自己的金錢，當個母親等，什麼都不會做。那為什麼過了幾個星期之後，他們要我客串一集《追愛總動員》（How I Met Your Mother），然後送我上路做了一場辛苦萬分的世界巡演？

監管令啟動之後，我母親和我哥的女朋友剪了短髮，出門吃飯喝酒，狗仔隊在場拍她們的照片。我感覺一切都是設計好的。我父親叫我的男友走，我也不能開車。我的父母奪走我的成年女性身份，這對他們來說等於雙贏。

在我獲得了這麼多成就、付出這麼多努力之後，加州政府竟然讓像我父親這樣的人，一個宣告破產的酒鬼、我小時候怕得要命的這個人來掌控我，我到現在還是很震驚。

我想到多年來我抗拒過父親給我的建議，我不知道現在能否再抗拒下去。我父親做給外界看，說監管令是我「東山再起」的重要墊腳石。幾個月前我才完成了生涯最佳專輯，但沒人在乎。我從我父親的話裡聽到的言下之意是：「她現在很好！她替我們工作！這對我們家庭來說是完美的狀況。」

這情況究竟是對我很好？還是對他很好？

妙啊！我心想。我可以像啥事都沒發生過一樣重新開工！我病到不能為自己挑男朋友，卻又足夠健康可以出現在情景喜劇和晨間節目裡，每週還在世界各地為成千上萬的人演出！

從那一刻起，我開始覺得他認為我存在世界上的理由，就是為了替他們賺錢。

我父親佔據了我在家裡使用的小書房和我的吧台區，改裝成他的辦公室。那裡本來放了一個碗，裡頭裝了很多收據。

沒錯，我承認，我像個宅宅一樣把全部收據都收在一個碗裡。我很老派，每個星期把開銷加起來，記下可以減稅的項目。在我最脫序那個時期，我的人格基本特質依然不變。對我來說，那碗收據證明了我還有能力打理自己的事務。

我認識的音樂人中，有人用海洛因，有人打架鬥毆，有人把電視從飯店窗戶丟出去。我不只不偷竊、不傷害任何人、不用成癮藥物，我還記錄我的稅收抵免額度。

我沒辦法再這麼做了。我父親把我那碗收據推到一邊，把自己的東西擺出來放在吧台上。「讓妳知道一下，」他說，「現在發號施令的是我。妳去那邊那張椅子坐下，我會告訴妳情況。」

我看著他，心裡越來越恐懼。

「我現在是布蘭妮．斯皮爾斯，」他說。

ch.32

第三十二章

在我極少數外出的場合下，例如去我的經紀人兼友人凱德（Cade）的家參加晚餐聚會，保鏢團隊會在我抵達之前徹底搜過屋子，確保沒有酒精或任何藥物，甚至泰諾（Tylenol）§§也不行，參加聚會的人要等到我離開之後才能喝酒。其他客人都很配合，但我感覺到我離開的那一刻，才是真正的派對開始的時候。

每當有人想跟我約會，我父親僱用的保鏢團隊就對對方進行身家調查，要求他簽保密協議，甚至要他接受驗血。（我父親還說，我再也不能跟之前交往的那位攝影師見面。）

在約會之前，羅蘋會告訴對方我的醫療史和性愛史。說得更清楚一點，是在第一次約會之前。整件事都非常羞辱人，我知道這個瘋狂的系統讓我無法找到基本的陪伴，沒辦法開心地玩一個晚上或交新朋友，更遑論談戀愛。

回想起我祖父對我父親的養育方式，還有我父親是怎麼養育我的，我打

§§ 一種止痛藥的品牌。

從一開始就知道由他來做主等於惡夢成真。一想到由我父親掌控我生活的任何一個面向已經讓我滿心恐懼，還要接管一切？這對我的音樂、事業和心理健康是最不利的狀況。

我很快就打電話給法院指派給我的那個奇怪的律師，請他幫忙。聽起來不可置信，但我能找的人只有他，即使我並沒有選擇他當我的律師。我被告知我不能僱用其他律師，因為我只能用法院指派的律師。很久之後，我才知道那根本是鬼扯：十三年來，我都不知道其實我可以雇用自己的律師。當時，我覺得法院指派的律師沒有積極幫助我了解情況，也沒有為我爭取權利。

我母親跟路易斯安納州州長是至交，她大可安排我們通個電話，州長就會跟我說我可以請自己的律師。可是她不但什麼都沒講，反而給自己請了律師，因為她最喜歡跟我父親大吵互告，像我小時候她會做的事。

我也反抗了好多次，尤其是我父親剝奪我使用手機的權利的時候。我會偷偷取得私人手機，試圖掙脫對我的控制，可是最後總是被他們發現。我老實告訴大家一個悲哀的事實：在經歷了這麼多事之後，我已經沒有多少力氣再戰下去了。我很累，也很害怕。在我被壓制在擔架上之後，我知道他們隨時可以束縛我的身體。**他們可以試著殺了我**，我心想。我開始懷疑他們是不是真的想殺了我。

因此當我父親說「發號施令的是我」，我心想這對我來說太超過了，可是我看不到出路。於是，我感覺我的心靈退縮了，進入自動導航模式。如果我配合，他們一定會看到我表現得多麼好，然後就會放我走。

所以我開始配合。

我嫁給凱文生下孩子之後，菲莉西亞繼續待了一段時間。我一直很喜歡她，但我一停止巡演，開始減少工作量，我們就失去了聯絡。我聽說菲莉西亞要回鍋參與妮裳馬戲團巡迴演唱會（Circus Tour），但不知為何，她沒有再來當我的助理。我後來得知，我父親跟她說我不想要她再為我工作，可是我從來沒說過這種話。要是我知道她想替我做事，我絕對不可能拒絕。我父親背著我，把她隔離在我的生活圈之外。

我再也沒見到一些跟我真的很親近的好朋友，甚至到今天依然沒有。這造成我在心理上比從前更封閉。

我父母親找了幾個找幾個我在老家的朋友來看我，緩和我的心情。

「不用，謝謝，」我說。

我的意思是，我雖然愛死他們，但他們現在已經都有小孩了，人生邁向下一個階段。他們來看我的話，感覺像是同情而不是社交拜訪。幫助是好事，可是我不要不請自來的幫助，也不要強塞給我的幫助。

我很難去重溫人生中最黑暗的篇章，或是思考當時若更奮力反抗也許有不同結果。我一點也不喜歡去想這些，絕對不願意。說實話，我沒辦法。我承受了太多了。

監管令生效的時候，我是經常狂歡沒錯，我的身體無法再承受這種生活方式，是該平靜下來。可是我從一天到晚開趴變成一個完全的僧侶，在監管令之下，我什麼事都不做。

前一天我還跟攝影師在一起，開快車享受人生，忽然之間我變成孤單一人，什麼事都不做，甚至不准用自己的手機，簡直天壤之別。

昨天的我還有自由：我可以自由做決定，自由訂定行程，醒來之後自己決定今天要怎麼過。縱使有不順心的日子，那也是我的日子。我在新生活裡放棄了抗爭之後，每天早上起床就問一個問題：

「今天做什麼？」

然後我就照吩咐的去做。

深夜裡一個人的時候，我試著從優美動人的音樂、電影或書籍尋找啟示，只要能幫助我不去想這個恐怖的安排都好。我就像小時候一樣，躲到其他世界裡。

每一個邀約，似乎都要透過我父親和羅蘋。他們決定我去哪裡，跟誰在一起。羅蘋指示保鏢拿給我包裝好放在信封裡的藥物，看著我服下。他們在我的 iPhone 設定分級保護控制。一切都受到審查和控制，沒有遺漏。

我早早上床睡覺，醒來之後做他們叫我做的事。日復一日，沒有例外，就像電影《今天暫時停止》(Groundhog Day)。

我這樣過了十三年。

如果你問我為什麼服從，我有一個非常充分的理由。我是為了我的孩子。

因為我遵守規則的話，就可以和兒子們團圓。

再次抱著他們讓我欣喜若狂。我們母子團圓的第一天晚上，他們在我身邊入睡，那是幾個月以來我第一次覺得自己是個完整的人。我痴痴地看著他們睡覺，覺得自己好幸運。

為了盡可能多見到他們，我做盡一切，對凱文委曲求全。我替他支付律師費，外加子女撫養費，每個月又額外支付數千美元，以便孩子們能陪同我進行妮裳馬戲團巡演。在那段很短的時間裡，我在《早安美國》(Good Morning America)露面，參加洛杉磯聖誕樹點燈儀式，參與《艾倫愛說笑》(Ellen)拍攝，在歐洲和澳洲各地巡演。然而，有個問題一再困擾著我。如果我真的病得很重，無法為自己做決定，那麼他們為什麼覺得我每週在那麼多不同時區微笑揮手、唱歌跳舞，這件事沒問題？

我告訴你一個很充分的原因。

妮裳馬戲團巡迴演唱會總收益超過一點三億美元。

露・泰勒的公司三星運動與娛樂集團得到百分之五。我還得知，在監管令生效後，即便我二〇一九年停工沒有收入，我父親仍支付給他們額外的最低「固定費用」，因此他們多拿了數十萬美元。

我父親也抽成。監管令期間，他每個月領到一萬六千美元，他以前從來沒有賺過這麼多錢。他從監管令獲得巨額利益，成為百萬富翁。

我願意犧牲自由來換取跟孩子們一起小睡的機會。在這個世界上，我最心愛的是我的孩子，沒有什麼比他們更重要。我願意為他們付出我的生命。

所以，我心想，付出我的自由又算什麼？

ch.33

第三十三章

要如何緊緊抓住希望？為了兒子，我決定接受監管令，但是身處在其中真的很辛苦。我知道我心裡還有熱情，但我感到那把火一天大地黯淡下去。久而久之，我內心的火燃燒殆盡，我的眼裡不再有光彩。我知道我的粉絲們看得出來，但是他們不曉得事情的全貌，因為我受到如此嚴密的控制。

我對被監管之前、正在錄製《暈炫風暴》的我，充滿了同情。雖然我被描述得很叛逆，行徑如此狂野，但我最好的作品全部都是那個時期完成的。然而總的來說，那是一段可怕的時光。我有兩個小寶寶，每次試著要見他們都要經過一番搏鬥。

現在回頭來看，我覺得要是我當時聰明一點，無論再怎麼困難，我也會盡一切努力專注在家庭生活。

那時候凱文會說，「嗯，如果妳這週末跟我碰面，我們進行兩小時的會議，該做的都做了之後，我或許會讓妳多見兒子們一會兒。」我很像在跟惡魔打交道才能得到我想要的東西。

我當時是叛逆沒錯，但是我現在看得出來，人們經歷叛逆期是有原因的。必須要讓他們走完那個階段。我不是說我失控是好事，但我認為強烈抑制一個人的精神，把一個人貶低到他感覺不再是自己，也不是健康的事。凡是身為人都必須測試這個世界，你要去測試自己的界線，摸清楚自己是什麼樣的人，想過什麼樣的生活。

其他人，我說的其他人指的是男性，都被賦予這種自由。男性搖滾歌手參加頒獎典禮姍姍來遲，我們覺得他們這樣更酷。男性流行歌手跟很多女人上床，大家認為太棒了。凱文想去抽大麻錄饒舌歌〈Popozao〉（葡萄牙文俚語「大屁股」的意思），就把我和兩個小寶寶丟在家裡。然後他把孩子從我身邊帶走，《細節》（Details）雜誌還稱他為年度老爸。有一個跟蹤騷擾我好幾個月的狗仔對我提訴訟求償二十三萬美元，因為我開車躲避他的時候輾到他的腳。我們和解，我不得不給他一大筆錢。

當賈斯汀偷吃還表現得很性感，大家覺得他這樣很可愛。可是當我穿了一套亮片緊身衣，黛安・索耶在全國電視上把我逼哭，MTV台逼我聽人們批評我的服裝，某位州長夫人說她想開槍打死我。

從小到大，我經常被人盯著看。從我還是青少女的時候就被人上下打量，就會有人告訴我他們對我的身體有什麼看法。剃光頭發洩是我反擊的方式。但是在監管令之下，他們要我明白那段時間已經結束了。我必須把頭髮留長，恢復身材。我必須早早上床，他們叫我吃什麼藥我都得吃。

如果我認為媒體批評我的身材很糟糕，我自己的父親對我的批評傷害我更多。他一再跟我說我看起來很胖，叫我必須做點什麼。於是我每天換上運動服去健身房。我偶爾做一些創意的小活動，但是我的心思已經不在上面了。至於我熱愛的唱歌跳舞，到這個時候幾乎成了一個笑話。

對於一個孩子而言，覺得自己永遠不夠好是一種靈魂被擊潰的感覺。當我還是個小女孩，他已經對我再三灌輸了這個訊息，即便在我獲得如此多成就之後，他依然這樣對我。

我想告訴我父親，你毀了我這個人。現在你還要我替你做事。我會做，但是打死我我也不會全心全意去做。

我變成一個機器人。不只是機器人，還是個兒童機器人。我被當成小孩對待，以至於我一點一滴失去了自我的感覺。過去，我父親或母親叫我做的任何事，我都拒絕聽從。我的女性自尊不允許我把他們的命令當一回事。監管令剝奪了我的女性身分，把我變成一個小孩。在舞台上，我不再是一個活生生的人，我只是個實體。我一直覺得音樂與我身心相連，他們把它從我身上偷走了。

如果他們放手讓我過我的生活，我知道我會跟隨自己的心，以正確的方式走出困境，解決問題。

十三年過去，我感覺我只是自己的影子。現在回想起來我父親和他的同夥，那麼長久地控制了我的身體和我的錢，我覺得噁心想吐。

多少男藝人把自己的錢全部揮霍在賭博上，又有多少人藥物成癮或是有心理健康問題。沒有人試著奪走他們對自己的身體和金錢的自主權。我的家人沒有理由這樣對我。

事實是，在他們說我無法照顧自己的那段時間，我獲得了很多成就。

我在二〇〇八年贏得二十多個獎項，包括柯夢波丹年度終極風雲女性（Cosmopolitan Ultimate Woman of the Year Award）。我在音樂錄影帶獎獲得了三座登月人（Moonmen）❡，距離我演唱〈再危險，我也要〉被嘲笑才不過去年的事。我的ＭＶ〈破碎的我〉入圍的獎項全都獲獎，包括年度最佳音樂錄影帶獎。我感謝神、我的兒子，還有一直支持我的粉絲。

❡ 該獎座造型為太空人，故稱登月人。

有時候想想就覺得有點滑稽，在我被說成失去自理能力、需要由家人掌控的那個階段，我錄製的專輯還得了那麼多獎項。

可是事實上當我停下來仔細思考，這件事一點都不好笑。

ch.34

第三十四章

雖然整體而言我過得非常不快樂，但在日常生活中，與兒子們的相處或是平日例行公事還是帶給我喜悅和慰藉。我交了一些朋友，也和傑森・崔維克交往。他比我年長十歲，生活穩定又有條理。我喜歡的是他並非藝人而是經紀人，所以他了解這一行也了解我的生活。我們後來交往了三年。

我們一起外出時，他高度警戒。我知道自己有時候傻傻的（我現在不傻了，現在的我基本上像個中情局探員）。他總是仔細評估一切，有一點過度控制情況的傾向。我身邊太常有狗仔了，我知道是怎麼回事，我了解這個狀況。所以看著身穿西裝在大型經紀公司工作的他，跟我一起坐上車，我感覺他好像太在意我的身份。他太在乎管理一切。我習慣了在街上被狗仔隊包圍，幾乎已經不會注意到他們，我猜這也不是好事。

我們的確曾經擁有一段親密的感情關係。我覺得我非常愛他，他也非常愛我。

那時我因為跟凱文還有孩子發生的那些事，以及生活在我父親設立的監管令限制下，我的心理狀況依然非常糟糕。我在加州千橡市（Thousand

Oaks）有一棟房子。那時我的孩子還年幼，我父親還在掌控我的生活。

即使在蛇蠍美人巡演結束、我在放假的時候，我父親也對我做的每一件枝微末節的小事提出質疑，包括我吃的東西。我不懂為什麼我母親對此從來不吭聲。他們在離婚八年之後，於二〇一〇年復合。我也覺得加州政府背叛了我。我母親似乎樂得有監管令，因為我父親現在有了一份真正的工作。他媽的每天晚上，他們都坐在沙發上看《犯罪心理》（Criminal Minds）***。誰會這樣啊？

當我父親跟我說我不能吃甜點，感覺起來不只是他對我說這句話，而是我的家人和我所在的州對我說這句話，彷彿我依法不能吃甜點，因為他說不行。

到了最後，我開始問自己，等等，這裡是哪裡？一切都不合理了。

我覺得自己需要更多方向，因此決定復工。我試著藉由多產出來讓自己忙碌。我開始參與更多電視節目，包括在二〇一二年《美國真人秀》（The X Factor）擔任評審。

*** 二〇〇五年開播的美國犯罪電視劇。

我覺得有很多人參與電視節目拍攝真的是專業，像是克莉絲汀・阿奎萊拉和關・史蒂芬妮(Gwen Stefani)。攝影機一帶到她們，她們就能拿出精彩自信的表現，這真的很棒。我年輕時也做得到，但我恐怕是越活越回去了。現在的我如果知道要上鏡頭，我就會非常非常緊張，我不喜歡整天處於緊張的情緒裡。也許我已經不再適合那種情境。

我現在釋懷了，這沒什麼不好。對於試著把我推向那個方向的人，我有能力拒絕他們。我曾經被迫做我不想做的事，而且被羞辱過。到了現在這個時刻，我不想再承受那樣的事。如果在一個有趣的電視節目裡幫我安插一個客串角色，一天就可以完成拍攝，這就另當別論。至於在電視節目上擔任評審，連續八小時表現出一副質疑的態度?呃，不了，謝謝。我徹底痛恨這件事。

大約在這個時候，我和傑森訂了婚。他幫助我度過很多難關。可是在二〇一二年，他成為我的共同監管人之後不久，我對他的感覺變了。那時我還看不出來，但現在我明白，也許他加入掌控我生活的組織，造成我們關係之中的浪漫成份變質。在某一刻，我意識到我對他沒有任何負面的感覺，可是我也不愛他了。我開始跟他分房睡，我只想抱我的孩子。我感覺和孩子之間的連結如此緊密。我真的是把傑森關在門外。

我母親說，「妳這樣很惡毒。」

「對不起，我也沒辦法，」我說。「我對他沒有愛情了。」

他跟我分手，但是我不在乎，因為我已經不再愛他。他寫了一封很長的信給我，接著就消失了。我們的感情關係結束時，他也辭去共同監管人的身份。對我來說，他似乎正處於身份認同危機。他挑染了頭髮，每天都去聖塔莫尼卡碼頭，跟一些渾身刺青的傢伙一起騎自行車。

嗯，我懂。現在我自己四十多歲，我也正在經歷身份認同危機。當時我們大概就是得各走各的路吧。

在監管令之下，巡演過程嚴格禁酒，因此我們都不能喝酒。有一次，我的舞者裡頭有很多人也是克莉絲汀·阿奎萊拉的舞者，於是我和舞者們還有克莉絲汀一起在洛杉磯碰面，她看起來狀況一團糟。但我和舞者們後來去了一個很美的游泳池游泳，然後坐在按摩浴缸裡。要是可以跟他們一起喝酒，叛逆一下，玩鬧一下一定很棒。但是我不行，因為在監管令之下，我的生活變得像主日學校辦的聖經營隊。

在某些方面，他們把我還原成一個青少女，在其他方面，我被當成小女孩。但有些時候，我只覺得自己彷彿是個被困住的成年女性，隨時處於憤怒狀態。最難解釋的就是這個。因為他們剝奪了我的自由，我的身份快速地在小女孩、青少女和成年女性之間轉換。我沒有辦法做個成年人，因為他們不把我當成年人看待，於是我退化，舉止像個小女孩。但隨後我的成年自我又會站出來，只不過我的世界不允許我當個成年人。

我內在的成年女性身份被壓制了很長一段時間。他們要我在舞台上照他們的吩咐表現狂野，其餘時間裡做個機器人。我感到自己彷彿被剝奪了生活中美好的秘密，那些最基本的、所謂的罪惡放縱和冒險，正是這些東西才讓我們有了人性。他們想拿走那個珍貴的東西，把一切盡可能變成照表操課，扼殺了我做為藝術家的創意。

回到錄音室，我製作了一首好歌，是和 will.i.am 合作的〈工作吧婊子〉(Work Bitch)，但是整體讓我自豪的音樂作品並不多，大概是因為我的心不在上面。我非常地洩氣。我父親彷彿總是挑一間最陰暗、難看的錄音室叫我去錄音，彷彿有人興奮地以為我不會察覺到這些事。在這種情況下，我會覺得自己被逼到死角，覺得他們陷害我。就好像他們樂於看到我的恐懼，把所有事情都變成衝突，讓我不開心，然後他們就永遠是贏家。我只知道我必須工作，我也想好好做，製作一張我能夠引以為傲的專輯。只是我彷彿忘記了自己是個有力量的女人了。

《美國真人秀》之後，我的經紀人提議去拉斯維加斯做駐場演出。我心想，有何不可？

我的心已不在錄製音樂上，我不再像從前那樣充滿動力和熱情。我的熱情已經耗盡，沒有興趣了。

我生了兩個孩子，經歷了一次精神崩潰，我的父母接管了我的事業。這一刻我還能做什麼，難道回老家？

於是我接受安排。

我去了賭城。我跟所有去賭城的人一樣，期待成為贏家。

ch.35

第三十五章

我愛拉斯維加斯的乾熱，我也愛所有人都相信運氣和夢想的那種氛圍。甚至早在芭黎絲・希爾頓和我脫了鞋在賭場裡四處跑的那當時，我就一直很喜歡那個地方。不過那感覺起來好像上輩子的事了。

我從二〇一三年聖誕節過後開始駐場演出。我的兒子一個七歲，一個八歲。起初，這份工作棒極了。

一開始在賭城登台非常刺激，所有人不斷跟我說我在賭城大道駐場的意義非凡。他們說我的演出吸引了年輕人回到罪惡之城，為新世代改變了拉斯維加斯的娛樂風貌。

粉絲給我無比的能量。我變得非常擅長做這場秀。我獲得許多自信，有一段時間一切都好——在我被如此嚴格控制之下所能達到的美好。

我開始跟一位電視製作人交往，他的名字是查理・艾柏索（Charlie Ebersol）。對我來說，他像是個可以嫁的男人：他把自己照顧得很好，他的家人之間感情很好。我很愛他。

查理每天健身，他會吃訓練前補充品，也吃許多維他命。他跟我分享他對於營養的研究，也開始給我吃能量補充品。

我父親不喜歡這點。我吃什麼他都知道，他甚至知道我什麼時候上廁所。因此，當我開始吃能量補充品，他看得出來我在舞台上擁有更多精力，我的狀態也比以前好。感覺起來，查理的養生法顯然對我有好處。但是我相信我父親開始覺得我濫用那些能量補充品，即便那些東西藥房就買得到，不是處方藥。所以他叫我要戒掉，把我送進勒戒中心。

我什麼時候該去什麼地方，都是他說了算。進勒戒中心代表我有一整個月沒辦法看到我的孩子，唯一的安慰是我知道為期只有一個月，然後我就可以出來了。

他替我挑的地方在馬里布。那個月裡，我們每天四個小時在戶外打拳擊和做運動，因為室內沒有健身房。

那個勒戒中心有很多人對藥物嚴重成癮。我一個人在裡頭很害怕，還好我能帶一個保鏢，我們每天一起吃午飯。

我很難接受我父親對外宣揚自己多麼了不起，全心全意照顧外孫，實際上，他不顧我的意願把我扔進一個都是快克和海洛因成癮者的地方。我就實話實說，他很糟糕。

我離開勒戒中心後繼續在賭城演出，彷彿什麼事也沒發生過。一部分原因是我父親叫我一定要回到舞台上，另一部分原因是我那時候仍然很乖，渴望討別人歡心，渴望做對的事，當個乖女孩。

無論我做什麼，我父親都在一旁看著。我不能開車。任何人要進我的後台休息室，都必須簽棄權聲明書。一切都非常非常安全，安全到令我窒息。

無論我再怎麼節食健身，我父親總是跟我說我很胖。他嚴格控管我的飲食。諷刺的是我們其實請了一位管家（奢侈的安排），我總是求他給我真正的食物。「先生，」我會懇求他，「你可以偷帶一個漢堡或冰淇淋給我嗎？」

「女士，我很抱歉，」他會說，「您的父親有嚴格規定。」

所以有兩年時間，我幾乎只吃雞肉和罐頭蔬菜。

兩年不能吃想吃的東西是一段很長的時間，尤其付出了體力、努力和靈魂賺錢養活所有人的人是我。兩年的時間，我要求吃薯條被拒絕，我覺得很羞辱人。自己決定嚴格節食已經很辛苦了，而別人不讓你吃你想吃的食物，那又更糟糕。我感覺我的身體不再是自己的了。我上健身房，健身教練叫我做這個動作、那個動作，我覺得快要發狂，內心冰冷。我覺得很害怕。說老實話，我他媽的悲慘透了。

而且根本沒有用，節食帶來的效果跟我父親預期的完全相反，我的體重增加了。儘管我吃的真的不多，他讓我覺得自己很醜，好像我就是不夠好。這也許是因為思想的力量很強大：你的心裡認為自己是什麼樣子，你就會變成那個樣子。這一切把我徹底擊垮，我投降了。我母親似乎同意我父親對我的安排。

這麼多人輕鬆自在地談論我的身體，一直讓我覺得不可思議。從我年輕的時候起，無論是媒體上的陌生人或是我自己的家人，個個都把我的身體當作公有財產，是一個他們可以監管、控制、批評或當作武器的東西。我的身體足夠強壯，曾經懷過兩個孩子，也足夠敏捷，能夠在舞台上完美執行每一個舞步。結果現在呢，我吃下去的每一個卡路里都要記錄下來，這樣人們才能繼續靠著我的身體致富。

除了我以外，彷彿沒有人覺得我父親給我制定這麼多規則，自己卻出門喝威士忌可樂，是一件很過分的事。來拜訪我的朋友們，可以去美甲沙龍做指甲，喝高級香檳。我卻從來不能進沙龍。我的家人去佛羅里達州的漂亮海濱小鎮德斯坦（Destin）小住，待在我買給他們的超美公寓，每天晚上吃美食，我卻餓著肚子在工作。

與此同時，我妹妹對我送給家人的每一樣禮物都嗤之以鼻。

有一天，我打電話到路易斯安納州給我母親，「你們週末要做什麼？」

「哦，我跟家裡的女生明天要去德斯坦，」她說。潔美．琳恩說過很多次她從來不去那裡，她認為那棟房子是我買給家裡、但她從來不想要的荒謬東西之一，結果我母親跟潔美．琳恩的兩個女兒每個週末都去那裡。

從前我愛買房子和車子給我的家人。但是到了某一刻，他們開始把禮物視為理所當然，沒有想過那些東西的存在是因為我是藝術家。因為他們對待我的方式，我有好多年失去了我的創造力。

我每個星期領到兩千美元零用金。如果我想買一雙球鞋，但我的監管人認為我不需要，他們就會跟我說不行，儘管我在賭城做了兩百四十八場演出，售出超過九十萬張票。每場演出的酬勞是數十萬美元。

有一天晚上，我難得跟朋友還有我的舞者出門吃晚飯，我想幫大家結帳。因為我們人很多，帳單金額是一千美元。但我想請客，這對我來說很重要，我想讓他們知道我很感激他們辛勤的付出。我沒有結帳成功。我的「零用錢」帳戶裡頭錢不夠。

ch.36

第三十六章

在賭城期間給我帶來安慰和希望的一件事情，就是每個月一次去工作室教小朋友跳舞，我愛極了。我的班上有四十個孩子。然後回洛杉磯的時候，我也在家裡附近教舞，每兩個月上一次課。

這是我這輩子做過最有趣的事情之一。跟一群沒有批判心的孩子共處一室很舒服，在監管令之下，我做任何事都要被批判。我教的孩子年齡介於五歲到十二歲，他們的喜悅和信任非常有感染力。他們的能量很迷人，學習熱忱很高。我覺得在孩子身邊百分之百能夠得到療癒。

有一天在教舞的時候，我在轉身時手不小心敲到一個小不點女孩的頭。

「寶貝！真對不起！」我說。

我覺得非常過意不去，在她面前跪了下來。我把手上最愛的一只戒指摘下來給她，請她原諒我。

「布蘭妮小姐，沒關係！」她說。「我不痛啊！」我想盡我所能讓她知道我擔心她會痛，我也會盡一切努力來彌補她。

我跪在舞蹈教室的地板上抬頭看她，心想，等一下。那些被州政府授權照顧我的人，對我的身心狀態的關心程度，為什麼不如我對這個小女孩的關心？

我決定努力擺脫監管令。我在二〇一四年上法院，提及我父親的酗酒和不穩定的行為，要求法庭對他做藥檢。畢竟他掌控了我的金錢和我的人生。但是我的案子後來沒有結果，法官沒有聽進去。

接下來是我試著私下聘用我自己的律師。我甚至在二〇一六年上談話性節目時提到監管令，但不知為何，訪談內容播出時少了那一段。呵，真有意思。

被困住的感覺連帶造成我無法談感情。我和查理在某次無謂的爭執之後，兩個人都心高氣傲，不再跟彼此說話。真的很愚蠢。我不肯先低頭，他也拉不下臉。

那時候，我開始和兩位優秀的詞曲創作人合作，茱莉亞・麥克斯（Julia Michaels）和賈斯汀・特蘭特（Justin Tranter）。我們坐下來一起寫了專輯裡所有的歌，我對這張專輯充滿熱情。那是十三年監管令期間，我真正全心全意製作的唯一一張專輯。我在歌曲上下了很多功夫，也因此得到自信。你知道當你做一件事很拿手，自己也感覺得到嗎？你會邊做邊想，這個我行！寫那張專輯讓我找回自信心。

專輯做完之後，我放給我的兒子聽。

「專輯要取什麼名字好？」我問。我的孩子們對音樂很有一套。

「就取名《榮耀》（Glory）‡‡吧，」尚恩・普雷斯頓說。

我就這麼取名。看到孩子們以這張專輯為榮，對我而言意義重大，我心想，我也以這張專輯為榮！我好久沒有這個感覺了。

《讓我》（Make Me）的MV推出之後，我在二〇一六年音樂錄影帶獎頒獎典禮上演出這首歌，這是自二〇〇七年以來，我再次站上音樂錄影帶獎的舞台。

‡‡台灣代理版名稱爲《榮耀強襲》。後文提及時都將以此名稱爲主。

當我在〈睡衣派對〉(Slumber Party) MV 拍攝現場初次見到海山・「山姆」・阿斯加利，我馬上就知道，我想要我的生活裡有他。我立刻就被他迷住了。一開始，我們之間的吸引力實在太強，兩個人隨時黏在一起。他說我是他的母獅子。

小報馬上開始報導說他劈腿。我們開始約會才兩個星期！我們沒有分開，我開始覺得我的火花回來了。

然後，我父親決定他必須再次把我送去療養，因為我偷帶藥房就有賣的能量補充品。他覺得我有藥物問題，但是他大發慈悲，說我可以當個門診病人就好，前提是我一個星期要參加四次匿名戒酒會。

一開始我很抗拒，但我在聚會上認識的女性開始給我許多啟發。我聽著她們說自己的故事，心想，**這些女人很了不起**。她們的故事其實非常發人省思。我在這些聚會上找到人與人的連結，是我這輩子不曾在其他地方找到的。所以我一開始很樂於參加，但是有些女孩不一定每次出現，她們可以自己選擇想去的聚會，可我沒得選。我在那裡認識的朋友一個星期或許只去兩次，或是她們一次白天去，另一次晚上去。我完全沒有換時間的自由。

我每個星期在同一個時間去同一個聚會，沒有例外。

╳╳╳

結束了非常累人的多場演出之後，我回到家，我的兒子、我的助理、我父母親都在。

「去聚會的時間到了，」我父親說。

「我可不可以就待在家，跟兒子們一起看場電影？我從來沒有缺席過任何一次聚會，」我說。

我從來沒有在賭城的家裡跟我的孩子一起看電影。我想說我們可以做個爆米花，享受一下天倫之樂。

「不行，妳一定要去，」他說。

我望向我母親，希望她幫我說話，但是她轉過頭。

那一刻，我開始覺得我好像在一個邪教裡，我父親就是邪教教主。他們對待我的方式好像我虧欠他們一樣。

可是我表現得那麼精彩，我心想，回想我多麼賣力演出。我不只表現得精彩，我棒透了。這一句話，在接下來幾年裡，每當我想到我不只符合、甚至超越了別人對我設定的期望，就不斷出現在我心裡。但我還是無法自由，這是多麼地不公平。

我辛苦工作，遵照他們替我安排的行程，基本上就是工作四個星期，休息四個星期，工作的時間裡，我每個星期做三場表演，每場兩個小時。無論工作或休息，我還得遵守他們替我設定的每週行程：四次匿名戒酒會，兩小時諮商，三小時健身，外加粉絲見面會和三場演出。我筋疲力竭。我想要能夠決定自己的命運。

╳╳╳

有一位髮型師瞄到我的行程表，她說，「哦，親愛的，妳是怎麼了？」她育有兩個年幼的女兒，很有母性。我很喜歡她。

「妳覺得太滿了嗎?」我問她。

「比滿還要超過,」她說。「這太瘋狂了。」

她靠過來,彷彿要告訴我一個秘密。「聽著,」她說。「要維持創造力,就要在行程表裡空出玩耍的時間。有了屬於自己的時間才能穩定自己。去他的,妳想要的話就只是盯著牆壁也行,人都需要這些。」她說的話一定傳到了我父親那裡,因為隔天變成另一個人幫我弄頭髮。

我再也沒有見過那位髮型師。

ch.37

第三十七章

做為表演者，我們女生會留長髮。男生要看的就是這個，他們喜歡看到長髮飄飄。他們要妳甩頭髮，如果妳的頭髮飛揚，他們才相信妳跳得盡興。

在拉斯維加斯駐場演出期間，我最挫折時會戴很緊的假髮，跳起舞來絕不動到頭上的一根髮絲。每一個從我身上賺錢的人都要我甩頭髮，我很清楚這一點，所以我什麼都配合，就是不甩頭髮。

回想起來，我意識到我在舞台上多麼克制自己，當我試著懲罰囚禁我的人，我連帶了也懲罰了其他所有人，包括我的忠實粉絲，也包括我自己。但是，現在我知道為什麼過去十三年來我好像夢遊一樣了，是因為我受到精神創傷。

在台上克制自己，是我的一種叛逆方式，雖然只有我一個人知道發生了什麼事。於是我不甩頭髮，也不調情。我該做都有做，該唱的也都有唱，但是我不像從前一樣投注熱情。在舞台上刻意減少能量，這是我表現怠工的方式。

作為藝術家，我感覺自己無法達到從前那種自由感。這是藝術家最重要的東西，那個自由感是我們的本質，也是我們的表現方式。在監管令之下，我沒有自由。我想以女人的身份活在世界上。在監管令之下，我完全無法做個女人。

但是製作《榮耀強襲》專輯的時候不一樣。專輯的單曲一首接一首推出，我開始對表演更有熱情，也再次開始穿高跟鞋。當我不那麼刻意努力，只是讓自己在舞台上成為明星，就是演出最有力量的時候。這種時刻，我真的能感受到觀眾支撐著我。

宣傳《榮耀強襲》的過程中，我開始對自己比較有自信一點。在賭城駐場的第三年，我找回了一點熱情。我開始享受每晚在罪惡之城的華麗演出，在觀眾面前表演的臨場活力感。雖然我在舞台上或許還沒有拿出最佳表現，但部分的我漸漸開始甦醒。我得以找回表演者與觀眾之間的連結。

在舞台上，我可以感到自己的身體和同一空間中的其他人身體產生電流，我很難向沒有登台過的人解釋這個感覺。唯一說得通的比喻就是電力。你感覺到一股電力，能量從你的身上流竄到群眾身上，然後再回到你的身上，形成一個迴路。好久以來，我不得不處於自動導航模式：我唯一取得到的電流，是我的身體裡讓我繼續移動的那種。

慢慢地，我再次開始相信自己的能力。我暫時沒有告訴任何人，我把這件事當作秘密。小時候的我躲進我的夢想，遠離爸媽的爭執；現在在拉斯維加斯，成年的我擁有的自由比小時候還少，我也開始躲進一個新的夢想：脫離家人的控制，回歸藝術家的本我。

一切都開始有了可能性。我和海山越來越親密，我們開始談到想一起生個孩子。但是我已經三十多歲，我知道剩下的時間不多了。

監管令剛生效的時候，我被安排看了無數個醫生。醫生們一個接一個來到我家，一個星期可能有十二個。然而當我要求約診拿掉子宮內避孕器，我父親卻不准我看醫生。

監管令開始之時，一切都受到管控，去哪裡都有保鏢。我的生活發生變化，或許我的人身安全增加了，但是我的樂趣和創意卻大受折磨。很多人說，「哦，妳得救了！」事實上沒有。那是你選擇怎麼看，不同觀點而已。我的音樂是我的生命，監管令扼殺了音樂，擊垮了我的靈魂。

監管令之前，我常出入錄音室。監管令期間，一群人記錄我在錄音室裡什麼時候去上廁所。我不是開玩笑的。

我後來讀到監管令生效之後，我父親跟羅蘋（那個露・泰勒三星公司的職員），與他們僱用的黑盒子（Black Box）保全公司一同監控查看我的手機收到和發出的電話及簡訊，包括我和男友、我和當時的律師、我和我孩子的私訊，更要不得的是，我父親甚至在我家裝竊聽器。在我的家裡！這都是他們控制手法的一部分。

我在青少女時期離開家，因為我的家庭生活很糟糕。還是個小女孩的我，多少次在凌晨四點走進客廳說，「媽媽，閉嘴！」當時我父親正喝醉昏死在他的椅子上。我凌晨四點醒來盯著天花板，那些時刻就浮現在我心頭，我心想那些人怎麼會再一次得到主導權。

在夜深人靜的那些時刻，我發誓我要盡所有努力，逃離這一切。

ch.38

第三十八章

在賭城的第三年，我心裡出現一種好久沒有體驗到的感覺。我感覺到力量。我知道我必須做點什麼。

當我開始回歸自我，我的身心靈無法再承受監管令的束縛。到了某一刻，我的小小心靈說了，我不要再忍受。

很久以來，我的父母讓我相信我是壞女孩、我行為脫序，這對他們完全有利。我的靈魂因此受創，他們澆熄了我的熱情。十年裡，我低估自己。但是在內心深處，我對他們的胡扯感到憤怒。你要明白這個情況讓人多麼地無助，不但無助，而且憤怒。

每當我表演結束看到我的家人喝酒盡興，我卻連一口威士忌可樂都不准沾，我就感到很生氣。在公眾的眼裡，我知道我在舞台上像個明星，我穿著可愛的絲襪和高跟鞋，但我在罪惡之城卻連一點罪都他媽的不准犯？

隨著我變得越來越有力量，進入一個全新的成熟女性階段，我開始在身邊尋找模範，看看如何以正面的方式發揮力量。瑞絲・薇斯朋（Reese

Witherspoon）就是一個很棒的模範。她貼心又親切，而且非常聰明。

一旦你開始如此看待自己，我是指，一個人的存在目的不只是讓別人開心，他也有權利把自己的願望讓別人知道，這就改變了一切。當我開始想著我也可以和瑞絲一樣，雖然體貼但也很有力量，我便改變了我對自己的看法。

如果沒有人習慣你堅定自信的模樣，當你開始說出自己的想法，他們會感到很驚恐。我感覺自己變成他們最大的恐懼。我現在是女王，我開始出聲了。我想像他們對我畢恭畢敬，我感覺自己的力量又回來了。

我知道如何表現自己。忍受著嚴苛行程的我變強壯了。我其實沒別的選擇，只能變強，我想觀眾感受得到。當我要求別人尊重，效果不言自明，一切隨之改變。因此當我想拒絕某個演出，或是想多休息一段時間，我聽到我的監管人又想試圖跟我說我這樣很笨，我感覺得到自己在反抗。我心想，**你們想拐我讓我因為拒絕演出而心裡難受，我不會再上當了。**

駐場演出預計在二〇一七年十二月三十一日結束，我等不及那天到來。首先，我實在厭倦了多年來每週都演出同樣的節目內容。我不斷拜託他們加進一首混音或新歌，只要能打破一成不變的內容都好。

我也漸漸失去了年輕時感受到的表演樂趣，我不再像青少女時期對唱歌有著純粹、原始的熱愛。現在是別人告訴我唱什麼，何時唱。似乎沒有人在乎我想要什麼。我不斷得到的訊息是他們想的才重要，我想的不會被當一回事。我只是去為他們表演，替他們賺錢。

多少資源被浪費了。作為一個向來對自己的音樂才能引以為傲的表演者，他們甚至不允許我調整演出內容，我無法強調我有多生氣。在賭城的每一檔演出都有幾個星期的空檔，他媽的這麼多時間就這樣浪費掉了。我想為我的粉絲重新混音我的歌，帶給他們全新而令人振奮的節目內容。我想表演我最愛的歌曲，例如〈改變心意〉(Change Your Mind) 或〈赤裸〉(Get Naked)，他們不同意。我覺得他們寧願給我難堪，也不願意讓我每晚為粉絲帶來最佳演出，這才是粉絲應該得到的。結果我反而必須一週接著一週演出相同內容：同樣的套路，同樣的歌曲，同樣的編曲。我演出同樣的節目內容很久了，我渴望改變，給我美好的忠實粉絲一個全新刺激的體驗。但是我只得到一個「不行」。

他們這麼懶，其實很怪異。我擔心我的粉絲會怎麼看我，我希望我能傳達出其實我想給的還很多。以前我喜歡進錄音室待上幾個小時，和錄音師一起做自己的混音。可是他們說，「不能放混音進去，因為節目有時間碼，放進去的話就得重做。」我說，「那就重做啊！」我最知名的就是帶來新的突破，可是他們總是拒絕我。

當我堅持要放，他們說頂多可以趁我在後台換衣服時播放一首我的新歌。

他們表現得好像當我正在舞台下方忙亂地穿脫服裝，播放我最愛的新歌是幫我一個大忙。

我了解這個行業，所以這很可笑。我知道我們完全可以改變節目內容。掌權的是我父親，這對他來說不是要務。也就是說，有權力實現這件事的人不願意去做。唱著這麼古老的歌曲版本，讓我的身體也覺得老了。我渴望新的聲音，新的動作。我現在覺得我表現出明星該有的舉動，可能嚇到了他們，反而我父親才是對明星發號施令的人。

為《榮耀強襲》專輯的單曲拍攝MV的時候，我感到如此輕盈，如此自在。《榮耀強襲》讓我想起表演新歌的感覺，這正是我非常需要的。《榮耀強襲》發行的隔年，我被告知我將獲頒有史以來第一座迪士尼電台音樂巨星獎（Radio Disney Icon Award），我心想，太棒了！我要穿上一件可愛的黑色洋裝，帶兩個兒子出席，一定很好玩。

當我坐在觀眾席看著別人演唱我的多首金曲，我心裡感觸很多。等到潔美．琳恩驚喜亮相，演唱了一小段〈舞到世界盡頭〉(Till the World Ends) 然後頒獎給我，我各種情緒都上來了。

看著演出的時候，我全程不斷回想起我為《流行禁區》專輯做的演唱會特別節目，由美國廣播公司 (ABC) 電視台剪輯之後播出。我排練了一個星期，唱了幾首新歌。他們把我拍得好美，我感覺自己像個孩子。老實說，那個節目裡包含了我畢生最佳演出。我以《酒店》(Cabaret) 的氛圍，重新為〈愛的初告白〉做了性感詮釋，之後唱〈每一次〉時，我穿了一件漂亮的白色洋裝。那場表演真的很美。在那個事業階段的我，以自己的方式自由地表演我的歌曲，擁有如此多的創意決定，那個感覺真是不可思議。

坐在台下接受迪士尼電台音樂巨星獎，我雖然很榮幸看到致敬演出，但心裡怒不可遏。台上三位歌手以及我妹妹，演唱的是新編曲，這東西我已經懇求了十三年。我做了好幾百場演出，都無法像她們那樣享受唱我的歌的樂趣，而我卻必須面帶微笑坐在台下。

ch.39

第三十九章

監管令生效之前，我的友人兼經紀人凱德會打電話給我，說我們應該來一趟公路旅行，他還沒說我們要去哪裡，我人已經坐進車裡。如果演出的時候我希望音量大一點，我會禮貌地確保音控把音量調大。假如你惹到我，所有人都會知道。我是個小壞蛋。可是在賭城，我只能微笑點頭，像個上了發條的娃娃，一遍又一遍地表演同樣的節目內容。

唯一讓我堅持下去的理由，是我知道我可以和孩子們過兩個假期，每年都是如此。可是《榮耀強襲》發行的那年我必須做巡演，也就是說我不可以去度假，必須帶著孩子一起巡演，對任何人來說都不是好玩的事。因此，隔年我真的需要休假。有一天晚上，表演開始之前，我的團隊到快換區來找我，我就跟他們註記：「嘿，」我說，「先跟你們說一下，我今年真的需要排假。」

傳統對我而言很重要。我跟孩子們最喜歡的就是去茂伊島（Maui），租一艘船到海上去，老實說，這是為了我的心理健康。

「如果有大筆錢進來，」我的團隊說，「我們就做個例如兩場巡演，等妳回來之後就可以休整個暑假。」

「太好了！」我說。「大家的想法一樣。」

幾個月過去，賭城駐場終於即將在二〇一七年十二月結束。我鬆了一大口氣。我已經做了好幾百場演出。

換場的時候我在化妝間換衣服，團隊裡的某人說，「嘿，對了，賭城結束之後妳今年要做巡演。我們不能就結束在賭城，必須要做完夏日巡演才結束。」

「當初說好的不是這樣，」我說。「我告訴過你們，我要帶孩子去茂伊島。」

衝突很快就升高，通常我試著談判就會如此。最後我的團隊成員說：「如果妳不做巡演就會被告上法院，因為妳簽了約。」我意識到：他們在威脅我。他們知道上法院會引起我強烈的情緒反應。

之後我冷靜下來。我開始盤算，如果只是幾個星期還不算太糟。做完巡演就回來了，我還是能享受一點點暑假。我們晚一點再去茂伊島就好。

結果我過度樂觀了。巡演非常折磨人，我知道舞者也感覺得到。我父親設下的條件讓我們比之前還要被綁得更死。光是要離開房間，就必須提前兩小時通知保鏢團隊。

更糟糕的是，我的創造力仍然被壓抑，仍然演出同樣的橋段。他們還是不允許我重新製作我的歌，更換節目內容。我們原本可以變化內容，製作精彩嶄新的演出，對觀眾、對我和舞者都會是耳目一新的感覺。我只要求他們在這一點讓步，而他們又一如往常地說不行。因為如果我真的主導了我的演出，人們會赫然發覺，或許我其實不需要我父親當我的監管人。我覺得他私底下想要我覺得我自己「有所不足」，這樣他才能大權在握。

等我終於回到家，我一看到我的狗就哭了，我就是這麼想念牠們。我開始計劃帶兒子們去旅行，把我們失去的時間彌補回來。我的團隊說，「我們讓妳休三個星期的假，然後就要開始排練新的賭城演出。」

「三個星期？」我說。「我本來應該休整個夏天的！」

我痛恨那場巡演。

那感覺像是有人跟你說週末永遠不會來。

ch.40

第四十章

我已經聽到外面的尖叫聲。好幾百個人聚集在外。時間是二〇一八年十月某一天，拉斯維加斯全新的米高梅公園飯店（Park MGM hotel）外面聚集了一大群人。超級粉絲身著同樣的穿搭，揮舞著印有字母B的旗幟。舞台上的舞者穿著印有「布蘭妮」字樣的T恤。網紅開直播，為追蹤者炒氣氛。雷射燈閃爍，一個巨大的螢幕正在播放我的MV畫面。舞曲震耳欲聾，一個遊行隊伍經過，遊行的人大聲唱著如下的歌詞：「孤單折磨著我！」(My loneliness is killing me)

燈光暗了下來。

活動主持人馬里歐・洛佩茲（Mario Lopez）對著麥克風說，「我們在此歡迎新的賭城女王……」

戲劇性的音樂開始播放，是〈中你的毒〉的樂段。眼花繚亂的燈光打在米高梅公園飯店外牆，看起來好像建築物正在脈動。接著開始播放其他歌曲的組曲，投影畫面有太空船、直升機、馬戲團大頂蓬、伊甸園裡的蛇。舞台周邊的火坑冒出熊熊火焰，我搭乘液壓升降機升到舞台上，身穿一件兩側有星星圖案和流蘇的緊身黑洋裝，揮手微笑，我的金髮非常長。

「……各位先生女士，」馬里歐・洛佩茲接著說，「布蘭妮・斯皮爾斯！」

在〈工作吧婊子〉樂聲中，我踏著高跟鞋走下台階，幫粉絲們簽名。但接下來，我做了一件出人意料的事。

我經過攝影機。

我一直走，直到坐上一輛休旅車離開。

我什麼也沒說。我沒有表演。如果你當天有收看，可能正在想：剛才發生了什麼事？

你沒看到的，是我父親和他的團隊，試著強迫我宣布新的駐場演出。我說過我不想宣布，因為我已經說了好幾個月，**我不想做這個駐場演出**。

好多年前，我唱過〈過度保護〉這首歌，那時我根本不知道什麼叫過度保護。我很快就會知道，在我清楚表明不要繼續在賭城駐場之後，我的家人就把我消失了。

ch.41

第四十一章

假期快要到了，我的心情相當好。除了擔心我父親在密謀什麼之外，我在匿名戒酒會遇到的女性給了我力量和鼓舞。她們不只傑出，也擁有很多常識，我從她們身上學到很多，特別是成年女性如何以誠實和勇氣來面對世事。

我生日那天，海山帶我去一個特別的地方。我開始規劃假期，但我父親堅持我的兒子要跟他過聖誕節。如果我想看他們，我就也得看到我父親。當我反對他的提議，我父親說，「他們今年不想跟妳一起過。他們要跟我還有妳媽媽回路易斯安納州老家，就這樣。」

「我怎麼都不知道，」我說，「但如果他們真的寧願那一週待在路易斯安納，我想也沒關係。」

╳╳╳

賭城的駐場還沒取消。我僱用了新的舞者在排練舞步。某天我跟所有的舞者一起在排練，其中有新人也有舊人，有一位過去四年和我們一起演出的舞者，為大家示範了一個動作。我看到以後皺了個眉頭，看起來挑戰性很高。

「我不想做那個動作，」我說。「太困難了。」

我不覺得這有什麼大不了的，但我的團隊和舞監忽然走進房間還關上門。我有一種感覺，好像我犯下什麼天大的錯，但我不明白不想在舞步裡加入某個動作算什麼大錯。我的意思是，第一次駐場已經是四年多前的事，我老了快五歲，我的身體也會變。改變一下舞步有什麼差別？

當時，在我看來大家都玩得很開心。我有社交焦慮症，所以如果現場有什麼事情令人不舒服，我通常會第一個感覺到。可是那天一切似乎都好，我跟舞者有說有笑，有些新來的舞者會腳刀後空翻（gainer），就是站立身體向前再做一個後空翻。他們好厲害！我問我能不能學，其中一個人主動說要帶我練習。總而言之就是：我們一邊玩耍一邊溝通，沒有什麼不對勁。可是我的團隊表現出來的樣子，讓我擔心出了什麼問題。

隔天做心理治療的時候，我的醫生質問我。

「我們在妳的錢包裡找到能量補充品，」他說。能量補充品帶給我自信和能量，不需要處方也買得到。他知道我在賭城演出期間都有吃，但他現在小題大做了。

「我們覺得妳背著我們服用更嚴重的東西，」他說。「我們也覺得妳排練的時候表現不好，妳造成所有人的困擾。」

「你在開玩笑嗎？」我說。

我瞬間感到非常憤怒。我是那樣地努力，那麼地敬業。

「我們要送妳去一個院所，」那個治療師說。「妳在聖誕節假期的時候過去，在這之前，我們會派一位女醫師去替妳做心理測驗。」

一個我在電視上一看到就厭惡、浮誇又俗氣的醫生，違反我的意願來到我家，叫我坐下來，花了好幾個小時測試我的認知能力。

父親跟我說，這位醫生的結論是我在測試中表現不佳：「她說妳沒通過。妳的問題很嚴重，得去精神院所。但別擔心，我們在比佛利山莊幫妳物色了一個小型勒戒方案，每個月只需要六萬美元。」

我一邊哭一邊收拾東西，問說要帶多少東西，他們會要我在裡面待多久。但我被告知沒辦法知道。

「也許一個月，兩個月，或三個月，就看妳的表現，看妳有沒有好好地展現自己的能力。」他們送我去的方案，據說是一個「豪華」勒戒中心為我設計的特別方案，所以我是一個人參加，不必跟其他人互動。

「如果我不去呢？」我問。

我父親說如果我不去，那我就要上法院，到時會很難看。他說，「我們會讓妳看起來像個他媽的白痴，相信我，妳贏不了。與其讓法官在法庭上叫妳去，還不如由我叫妳去。」

我感覺這是一種勒索，我正遭到心理操控。我認真覺得他們想殺了我。這麼多年下來，我從來沒有反抗過我的父親，我從來不曾向任何人說不。那天我在那個房間裡說不的時候，真的惹毛了他。

他們逼我去。我無路可退，別無選擇。如果妳不去勒戒，這些事就會發生在妳身上，所以我們建議妳早點去，早日解決這件事。

只是事情並沒有早日解決。因為我進去之後就無法離開，雖然我一再懇求。

他們違背我的意願將我關了好幾個月。

ch.42

第四十二章

那些醫生把我從我的孩子身邊、我的狗和我的房子帶走。我不能外出，不能開車。我每個星期要驗血，我不能私下泡澡。我不能關上房間的門。我時時被監視，甚至是換衣服的時候。我必須九點鐘睡覺。八點鐘到九點鐘，我在床上看電視，他們在一旁監視。

我必須每天早上八點鐘起床。每天都有無數次的面談。

我每天坐在一張椅子上好幾個小時，接受強制心理治療。面談之間，我看著窗外打發時間，看著車子開進來又開走，很多車載著很多治療師、保鏢、醫生和護士進來。我覺得對我傷害最大的是看著那麼多人來來去去，但我卻不准離開。

我被告知一切安排都是為了我好。可是我覺得被丟包在那個地方，每個人不斷說他們是來幫助我的，我卻從來無法理解我的家人到底想要我做什麼，該做的我全都做了。我的孩子在週末來探視我一個小時，可是如果我那個星期沒有做「該做的事」，我就不能見他們。

凱德是少數打電話來給我的人。和凱德一起總是讓我覺得安心，但同時也覺得危險。我在那段時間接到最有趣的電話，是他從德州醫院打視訊電話給我，跟我說他在他的床上被蠍子咬了一口。在他的床上。他的腿腫得跟籃球一樣大，不是開玩笑的。

「你現在很嚴重嗎？」我說，我在手機上看著他腫起來的腿，看起來嚴重到不可思議。想著可憐的凱德和他的腿，是唯一一次我可以分心不去想眼前的狀況，我永遠感激他還有那隻德州蠍子。

治療師每次對我提問好幾個小時，感覺起來一週七天，天天如此。

多年來我都是服用百憂解，但是在那間醫院，他們忽然要我斷藥，改服用鋰鹽。我並不需要也不想要這種危險藥物，它會讓人極度遲緩倦怠。我感覺我的時間感變了，我越來越迷失。服用鋰鹽時，我不知道自己在哪裡，有時候甚至不知道自己是誰。我的大腦無法像從前那樣運作。我沒有忘記鋰鹽就是我的祖母珍在曼德維爾服用的藥物，後來她自殺了。

這段期間，長期跟著我的保鏢團隊表現得彷彿我是個罪犯。

抽血的時候，幫我抽血的技術人員身邊站著護士、保鏢還有我的助理。

我會吃人嗎？我是銀行搶犯？還是野獸？為什麼他們對待我的樣子，好像我會放火燒了那個地方，殺死所有人？

他們每天替我量三次血壓，彷彿我是個八十歲老婦人。而且他們的動作慢條斯理，叫我坐下，拿臂帶，慢慢地戴上，慢慢地打氣……一天三次。我必須四處移動才能維持理智，身為舞者，活動是我的生命。我必須要動才有活力，我需要動也渴望動。可是他們要我在椅子上坐很久。我開始覺得這是一種儀式性的酷刑。

我的雙腿、我的心和我的腦子都覺得焦躁。

我無法消耗那股能量。

你知道那種感覺嗎？當身體在動，你就知道自己還活著？我只要求這麼多。可是我不能動，也就是說，我開始想著我會不會其實已經半死不活。我覺得自己像個殘骸。

因為每天在椅子上坐好幾個小時，我的屁股變得越來越大，到後來我的短褲全都穿不下。我和我自己的身體處於疏離狀態。夜裡，我做著可怕的惡夢，夢到我奔跑穿越森林，感覺非常逼真。拜託趕快醒來，拜託，拜託——這不可以是現實，這只是夢，我會這樣想。

如果要我待在那個地方是為了給我療癒，那麼得到的只是反效果。我開始想像自己是沒有翅膀的鳥。小的時候，我們有時會邊跑邊張開手臂，當風吹過手臂，有一秒鐘會覺得自己好像在飛。我想要的就是那個感覺。可是，我每一天都覺得自己沉入地底。

我獨自在比佛利山莊度過了勒戒方案的前兩個月。簡直跟地獄一樣，就像主演自己的恐怖片。我看恐怖片，我看過《厲陰宅》(The Conjuring)。在那個治療中心待了兩個月後，我什麼都不怕了。真的，現在沒有什麼能嚇倒我。

這時的我可能是天底下最無懼的女人了，但我沒有因此感到堅強，我覺得悲傷。我不應該這麼堅強的，那幾個月把我磨得太堅悍。我懷念從前被別人稱呼我是個刁蠻女孩（sass ass），這是我們肯特伍德的說法。在醫院的那段時間奪走了我的刁蠻。從很多方面而言，我的心靈被擊垮了。

我在一棟大樓裡待了兩個月之後，被移到同一機構的另一棟大樓，在這裡我不是一個人。雖然我以前比較喜歡獨自一人，但經歷了兩個月類似單獨監禁又服用鋰鹽之後，說實話，跟其他病人在一起感覺好多了。我們白天都在一起，晚上各自回到單人房，門關上的時候會有砰的一聲。

我在那裡的第一個星期，有一個病人到我的房裡說，「妳為什麼要大聲尖叫？」

「什麼？我沒有尖叫，」我說。

「我們都聽到了，妳叫得很大聲。」

我環顧了我的房間。「我連音樂都沒有放，」我說。

我後來才知道她有時候會聽到一些別人聽不到的聲音，但那次她嚇到了我。

後來有個很漂亮的女孩入院，馬上就大受歡迎。那感覺很像在高中，她就是啦啦隊長，我則是垂頭喪氣的書呆。她一次面談也沒去。

雖然裡頭很多人都很瘋，但是大部分的人我都喜歡。有個女孩抽一種細細的菸，我以前從來沒看過。她跟她的菸都很可愛。我注意到她父親會在週末來看她。至於我的家人，他們把我扔進這個地方之後，就過自己的生活去了。

「我知道妳在看我的香菸，」那個可愛的女孩某天跟我說。「我打賭妳一定想抽抽看，對吧？」

我還以為她永遠不會問。「對啊，」我說。

於是我抽了生平第一支卡碧（Capri），在場一起抽的還有其他女孩。

那裡有幾個人飲食失調，他們看起來瘦得令人擔心，我自己吃得也不多。我吃得那麼少，又一天到晚抽血檢驗，我很驚訝自己竟然沒有日益消瘦。

那段時間，神一定一直與我同在。被監禁了三個月後，我開始相信，構成布蘭妮的那個小小心靈，已經不在我身體裡了。一定有一個更至高無上的力量支撐著我度過，因為光靠我一個人是撐不下去的。

我想著我倖存下來的事實，我心想，是神的旨意，不是我。

ch.43

第四十三章

我認為最困難的是我在醫生或訪客面前必須隨時裝作沒事。如果我表現得慌張，就會被當成我沒有進展的證據。如果我生氣或堅持己見，我就是失控或脫序。

這讓我想起以前常聽說從前的人如何測試一個人是否是女巫。他們把被懷疑的女人丟進池子裡，如果她浮起來就是女巫，該殺。如果她沉下去，表示她是無辜的，嗯，算了。無論是哪一種情況，她還是死了，我猜人們認為知道一下她生前是什麼樣的女人還是有好處的。

過了兩個月，我打電話給我父親求他讓我回家。

他說，「很抱歉，法官會決定要拿妳怎麼辦。現在都看醫生怎麼說。我完全沒辦法幫妳。我把妳交給醫生了，我幫不了妳。」

奇怪的是，在他們把我送進那個地方之前，我爸寄了一串珍珠項鍊和一張美麗的手寫聖誕卡給我。我那時候自問，他為什麼要做這件事？這是我父親嗎？

傷我最深的是多年來他在攝影機前講的話。無論是我在拍〈工作吧婊子〉MV時，或是監管令剛啟動，我們進行妮裳馬戲團巡迴演唱會，他都說一切是為了我和我的兒子。

「那是我的寶貝女兒！」他面對著鏡頭這麼說。「我好愛她。」當我被困在休息室，跟我後來很討厭的露・泰勒那個怪異走狗羅蘋在一起時，我父親向任何願意聽他說話的人吹噓說他是個多麼了不起的爸爸。

但是現在看啊，當我拒絕在賭城做新的駐場演出，當我把巡演日期往後延，我還是他的寶貝女兒嗎？

顯然不是。

後來有一位律師說，「妳父親原本完全可以喊停的。他可以跟醫生說，不行，這太過分了，還是讓我女兒回家吧。」可是他沒有。

我打電話給我母親，問她為什麼所有人都表現出一副我很危險的樣子。

「嗯，我不知道……」她這麼說。

我在那個地方的時候，也傳訊息給我妹請她把我弄出去。

「不要反抗了，」她回傳。「這事妳沒辦法改變，所以不要再反抗。」

她跟其他人一樣，一直表現得好像我是某種威脅。這麼說聽起來有點瘋狂，但因為是事實，所以我再說一次：我以為他們想殺了我。

我不懂潔美．琳恩跟我們的父親怎麼會發展出這麼好的關係。她明知我向她求援是因為我父親在監視我。我覺得她應該站在我這邊才對。

在賭城演出期間，我有個女生朋友每晚在地下換衣間幫忙我換裝，她後來跟我說，「布蘭妮，妳在那個中心的時候，我做了三、四個惡夢，害我在半夜醒來。我夢見妳在那個地方自殺了，我還夢見那個羅蘋，就是那個所謂人很好的助理，我夢見她打電話給我，很得意地說，『對，她死在那個地方。』」我朋友說她那段期間一直擔心著我。

我住進去幾個星期，快要放棄希望之際，那裡唯一一位貨真價實的護士把我叫到她的電腦旁邊。

「妳看這個，」她說。

我偷偷望向她的電腦，試著理解我看到了什麼。脫口秀節目裡，幾個女人談到我還有監管令，其中一個人穿著「#解放布蘭妮」的T恤。那位護士還給我看其他影片。粉絲說他們試著弄清楚我是否被強制扣留在某處，說我的音樂對他們來說有多重要，他們很不願意知道我正在受苦。他們想幫忙。

他們光是這麼做就幫上忙了。護士看到的影片全醫院的人都有看到。醫生終於注意到，全世界的人都在問為什麼我還被關著，新聞媒體上都是相關報導。

就如同我相信我可以感受到內布拉斯加州（Nebraska）某個人的感覺，我認為我和粉絲的連結，幫助他們在潛意識裡知道我的處境危險。無論我們身處於空間的何處，那個連結一直在。就算你在國內另一邊或世界另一邊，某種程度上我們還是緊密相連。雖然我沒有在網路上或媒體上說過我被監禁，我的粉絲似乎就是會知道。

看著他們在街上遊行，齊聲喊著「解放布蘭妮！」，是我這輩子見過最不可思議的事。我知道有人會笑，看到粉紅色T恤上面印著我的名字，他們會說：「這算哪門子社會議題？」

但是他們如果真的知道我經歷了什麼，了解我和我的粉絲之間的連結，我想他們就不會笑了。事實就是我被強制扣留。我很渴望知道是否有人在乎我的死活。

人與人之間，除了連結之外還剩下什麼？除了音樂，還有更強大的連結嗎？發聲支持我的每一個人幫助我撐過艱困的那一年，他們的努力，幫助我掙得我的自由。

我想人們不知道「#解放布蘭妮」運動對我的意義，尤其是在初期。到了最後法庭聽證會進行期間，看見人們發聲支持我，對我意義重大。不過在運動剛開始的時候，我的心深深被觸動了，因為那時候的我並不好，一點也不好。我的朋友和粉絲感應到發生了什麼事，為我做了那麼多，這筆債我永遠也還不完。如果你在我無法為自己站出來時，挺身而出支持我，我從內心最深處向你表達我最誠摯的謝意。

ch.44

第四十四章

當我終於回到我的家、我的狗還有我的兒子身邊，我欣喜若狂。

你猜是誰在我回來的第一個星期要來看我？我的家人。

「我們非常以妳為榮，布蘭妮！」我父親說。「妳做到了！現在我們都想過去跟妳住一陣子。」但是到了這一刻，我完全看透了他的鬼扯。我知道他真正說的是：「我等不及看到妳的錢，我是說，妳啦！」

於是他們來了，我父母親，我妹跟她的女兒，麥蒂（Maddie）和艾薇（Ivey）。

我只是一個空殼子。我還在服用鋰鹽，這讓我的時間感非常模糊。而且我很害怕。我突然想到，他們來訪只是為了完成幾個月前就開始進行的事，把我真正解決掉。如果這聽起來有點疑神疑鬼，請想一下我到目前為止經歷的一切，他們是怎麼騙我，把我關在醫院裡。

於是我照著遊戲規則走。我心想，如果我對他們好，他們就不會再試圖殺了我。

三個半月以來，我幾乎沒有得到任何人的擁抱。

一想到我的小小心靈不得不如此堅強，我就想哭。

可是我的家人走進我的房子裡，一副什麼事都沒發生過的樣子。彷彿我不曾在那個地方經歷了幾乎無法忍受的精神創傷。「嘿，女孩，妳在幹嘛？」潔美・琳恩語氣輕鬆地說。

她跟我母親還有她的女兒，總是在我的廚房裡閒晃。潔美・琳恩在洛杉磯時，安排了一大堆電視節目會議。我父親會陪她去好萊塢開會，她回來時總是很吵很開心。「怎麼樣，小子們？」她走進廚房看見我兒子的時候大喊。

她真的找到了她的熱情和動力，我替她高興。儘管如此，當時的我並不是很想待在那個情境裡。

「哦，我的天啊，我幫我們兩個想到一個超棒的點子！」每次她又開完一個會回來就這麼說，我則是幾乎昏昏沉沉地靠在廚房檯面上。「妳聽我說——姐妹脫口秀！」每次她一開口就有一個新的計劃。一齣情景喜劇！一部愛情喜劇片！

她每次會講個彷彿好幾小時，我一邊看著地板一邊聽。一句話不斷在我的腦子裡回放，他媽的到底發生了什麼事？

可怕的拜訪結束，我的家人離開我家之後，我開始真正感受我經歷的一切。我只感到一股盛怒。他們懲罰了我，為了什麼？因為我從小就一直供養著他們？

我怎麼會沒有在那個地方自殺，一了百了，就像開槍打死一隻跛腳馬那樣？我相信在那樣的處境下，幾乎任何人都會這麼做。

想到我差一點就做出那件事，我的眼淚流了下來。

然後發生了一件事，讓我從恍惚的狀態驚醒。

那年八月，我父親跟十三歲的尚恩・普雷斯頓吵了一架。我兒子回房間鎖上門不想再吵，我父親破門而入，用力搖晃他。凱文報警處理，我父親被禁止跟孩子們見面。

我知道我必須再一次鼓起勇氣，再戰最後一回。這一段路走來如此漫長，我曾經找到信念，又失去信念。被推倒後，再次站起來。追求自由，卻讓自由又從手中溜走。

如果我足夠堅強，在經歷了一切困境之後依然倖存，我可以冒險向神再祈求一點點。我要以我他媽的全身的血和肉，要求結束監管令。

因為我不想讓那些人繼續控制我的生活。我甚至不想讓他們進我該死的廚房。

我永遠不想再讓他們有權把我和我的孩子、我的房子或我的狗分開。

如果我能夠用意念實現任何事，我心想，就讓我以我的意念終結這件事。

ch.45

第四十五章

爭取自由的第一步，是讓人們開始明白我仍然是一個真實的人，我知道可以藉由在社群媒體上多多分享我的生活讓人們明白這點。我開始在ＩＧ上試穿新衣服走秀。我覺得非常好玩。雖然有些網路上的人覺得我這樣很奇怪，我不在乎。當你一輩子被別人性化，自己能夠完全主導服裝和攝影機的感覺很好。

我試著找回自己的創造力，在ＩＧ上追蹤一些視覺藝術家和音樂藝人。我滑到一個人做了一些很迷幻的影片，其中一支影片只有一個小嬰兒，一片粉紅色的背景，還有一隻身上有粉紅條紋的白老虎走過去。我看了以後，油然而生一股創作的衝動，我開始用一首歌試著玩。我在歌曲的前面加上嬰兒笑聲，我覺得挺不一樣的。

海山說，「不要在裡頭加上嬰兒笑聲！」

我聽了他的建議把音軌拿掉，但之後我追蹤的另一個帳號上傳了一支影片，裡頭有嬰兒笑聲，讓我好嫉妒。早知道我應該上傳的！我心想。發出詭異笑聲的嬰兒本來應該是我的創作！

藝術家就是這麼怪，你懂嗎？

那時候在業界有很多人在想我是不是瘋了。到了一個時間點，我寧可「瘋掉」而自由創作，也不想「態度很好」，別人說什麼我就做什麼，完全沒有機會表達自己的感受。我在ＩＧ上想做的就是讓大家看到我的存在。

我也發現我笑的時間比從前多了，尤其是看喜劇演員例如艾米．舒默（Amy Schumer）、凱文．哈特（Kevin Hart）、賽巴斯汀．曼尼斯葛爾柯（Sebastian Maniscalco）和喬．科伊（Jo Koy）的作品。我越來越尊敬他們的機智和聰明才智，他們會善用語言來挖苦和逗人發笑。這是一種天賦。聽他們運用自己的意見，讓我想到我也能做同樣的事，我可以在社群媒體放自己拍的影片，或是寫一則標題來表達自己也可以。幽默讓我不至於被苦澀所吞噬。

我一直很佩服娛樂圈裡那些機智風趣的人。笑是治療一切的良藥。

人們或許會笑我，因為我貼上網的東西太天真或奇怪，或是我提到傷害過我的人口氣變得很兇。也許這是女性主義的覺醒。我想，我要說的是真實的我對大家來說像個謎，這對我而言是優勢。因為沒有人知道真正的我是什麼樣子！

有時候我的孩子會笑我，我不介意他們笑我。

他們總是幫助我改變對世界的看法。打從他們小時候起，他們總是用不同眼光看待世界，而且兩個人都好有創意。尚恩・普雷斯頓在學校表現得很棒，他真的很聰明。傑登很有彈鋼琴的天份，我聽得都起雞皮疙瘩了。

疫情之前，他們每個星期有兩三天和我一起享用美味的晚餐。他們總是跟我分享他們創作的了不起的東西，解釋給我聽他們最近感興趣的事情。

「媽，妳看我畫的圖畫！」其中一個會說。我會告訴他們我看到了什麼，然後他們會說，「對，可是媽，妳現在這樣看，」我就會在他們的作品之中看到更多我之前沒看到的。我愛他們的深度和他們的個性，還有他們的才華以及善良的心。

邁入新的十年，一切剛開始變得有條理。

然後新冠疫情爆發。

封城的前幾個月，我變得比之前更常宅在家裡。好幾個星期的時間，我坐在房間裡聽心靈成長有聲書，盯著牆壁，或製作首飾，百無聊賴。

聽完了一堆心靈成長有聲書，我接著聽敘事類型的有聲書，只要是歸類在「幻想」之下的作品，特別是英國口音配音員的我都聽。

但是外出的時候，我父親安排的保鏢團隊一直強制執行規定。有一天我在海灘上拿下口罩，保鏢衝過來訓斥我。我不但被罵，還被禁足好幾個星期。

因為隔離以及工作行程的關係，海山沒有陪在我身邊。

我很寂寞，甚至開始想念我的家人。

我打電話給我母親，「我想看看你們。」

她說，「我們正要出去買東西，要出發了，晚點打給妳。」

她們後來沒有打。

路易斯安納州的封城規定不同，他們經常到處趴趴走。

到最後，我放棄打電話，去了路易斯安納州看他們。他們那邊看起來過得很自由。

為什麼我還跟他們說話？我不確定是為什麼。人為什麼會待在有問題的關係裡？首先，我還是害怕他們，我想要示好。我父親在法律上仍然等於我，他從來不會猶豫指出這一點，不過我希望這個情況不會再持續多久了。

就是和我的家人在一起這段期間，我發現他們趁我待在那個心理健康機構時扔掉了很多我存放在母親家的東西。我小時候收藏的亞歷山大夫人娃娃全部都不見了，我花了三年寫作的本子也不見了。我有一本活頁夾裡頭滿滿是對我很重要的詩。全部都不見了。

當我看到空蕩蕩的書架，心裡一股難以言喻的悲傷。我想到我含淚寫下的那幾頁。我不是想要出版什麼的，但它們對我很重要。我的家人把它們扔進了垃圾桶，就像他們把我扔掉一樣。

然後我振作起來，我想：我可以買一本新的筆記本，我可以重新開始寫。我經歷了太多事。我之所以現在還活著，是因為我知道什麼是喜悅。

是再次找到神的時候了。

在那一刻，我和我的家人和解了。我的意思是，我意識到我再也不想見到他們，對此我感到心安理得。

ch.46

第四十六章

十三年來，法庭指派給我的律師從來沒給我多少幫助，但在疫情期間，我開始思考是否可以利用他來為我爭取一些利益。我用一種堅定的、像禱告一樣的頻率，開始每週和他交談兩次，就為了思索我有什麼選擇。他是為我服務，還是為我父親和露服務？

我聽著他繞圈子談論問題，心想，你似乎不相信我知道我要什麼。我知道我要什麼。我要徹底了斷這件事。我聽得出來你沒有打算把這事辦成。

終於，我碰到了一個轉折點。老實說他沒辦法再給我更多幫助，我必須主動掌握局面。

我在公開場合必須對整件事保持沉默，但我在心裡祈禱監管令結束。我的意思是**真正地**祈禱……

XXX

於是在二〇二一年六月二十二日晚上，我從加州家中撥打求救電話舉報我父親濫用監管權。

從我開始積極努力結束監管令，到監管令終於結束之間，是一段非常艱辛而不確定的時期。我不知道結果會怎麼樣。與此同時，我還不能向我父親說不，還不能獨立做自己的決定。同一時間，每天似乎都有一部新的關於我的紀錄片在串流平台上架。當我得知我妹要出書，以上就是當時的狀況。

我還在父親的掌控下。我無法說什麼來為自己辯護。我很想爆炸。

看到關於我的紀錄片並不好受。我明白每個人的初衷都是好的，可是一些老朋友在沒有事先諮詢過我的情況下就開口跟製作團隊談，我感覺很受傷。我曾經信任過的人上鏡頭說話，令我震驚。我不明白他們怎麼能那樣子在背後如此議論我。換作是我，我會先打電話問過朋友，看看是否我可以談論她。

很多人在揣測我的想法和感受。

ch.47

第四十七章

「斯皮爾斯小姐？妳隨時可以開始向我陳述。」

電話裡傳來劈裡啪啦的聲音。我在我的客廳裡。這是洛杉磯的一個普通的夏日午後。

二〇二一年六月二十三日，我終於可以在洛杉磯遺囑認證法庭上就監管令一事發表陳述。我知道全世界都在聽。我已經演練了好幾天了，但這個時刻真的來臨時，風險之高令我不知所措。其中一個原因是我知道因為我要求聽證會向大眾公開，等我發言完畢，幾百萬人就會聽到我的聲音。

我的聲音。我的聲音在全世界都聽得到，在廣播裡，電視上，網路上。但是有許多部分的我被壓抑了。曾經那麼多次，我的聲音被用來支持我，也用來反對我，以至於我害怕現在我自由發言的時候，沒有人認得出這是我的聲音。萬一他們說我瘋了呢？萬一他們說我撒謊？萬一我說錯話，一切都偏掉了呢？我寫了好多個版本的聲明，我嘗試了一百萬種方法把事情說得正確無誤，說出我該說的話，但現在這一刻，我非常緊張。

然後在恐懼中，我想起我還有能夠依靠的東西：我希望人們理解我所經歷的事情，我的信念告訴我這一切可以改變，我相信我有體驗快樂的權利，我確信我應該擁有自由。

我深深感受到我內在的成年女性力量依然強大，能夠為正義而戰。

我抬頭看海山，他坐在我旁邊的沙發上。他握緊我的手。

於是，我開始說我的故事，感覺好像是很久以來的第一次。

我對法官說，「我曾經說謊，告訴全世界說我很好，我很快樂。這是一個謊言。我以為也許我說的次數夠多了，就可能會變得快樂，因為我一直在自欺欺人……但是現在我告訴你的是實話，好嗎？我不快樂。我無法入睡。我生氣到簡直瘋狂。而且我很沮喪，我每天哭。」

我接著說，「我甚至不喝酒。想到他們讓我的心蒙受的苦，我應該喝酒才對。」

我說，「我希望這通電話可以一直講下去，因為當我掛斷電話，突然間我聽到的又都會是『不行』。然後突然間，我感覺自己被圍攻，被欺負，我感到被排斥，我感到孤獨。我厭倦了孤獨的感覺。

我應該擁有與任何人相同的權利，擁有孩子、家庭等等，甚至更多。這就是我想對您說的。非常感謝您今天讓我與您交談。」

我幾乎沒有換氣。這是很長一段時間以來我第一次有機會公開發言，許多事情湧上心頭。我等待法官的回應，希望能從回應中得知她的想法的蛛絲馬跡。

「我只想告訴妳，我確實能體諒妳所說的一切以及妳的感受，」她說。「我知道妳今天要說出這一切需要很大的勇氣，我想讓妳知道，本庭非常感謝妳上線分享妳的感受。」

這讓我有一種如釋重負的感覺，就好像經過了十三年，終於有人傾聽我的聲音。

我一直那麼努力工作，而且長時間忍受被壓抑的情況。可是我的家人把我送進那個機構，他們做得太過分了。

我被當作罪犯對待，他們還讓我覺得這是我應得的。他們讓我忘記了我的自尊和自我價值。

在他們做的所有事情當中，我會說最糟糕的是讓我質疑我的信仰。我對宗教從來沒有嚴格的想法，我只知道有比我更偉大的東西。在他們的控制下，有一段時間我不再信神。然而，到了監管令要結束的時候，我意識到一件事：絕對不要惹一個真正懂得如何祈禱的女人。**真正地祈禱**。我所做的就只是祈禱。

ch.48

第四十八章

在過去十三年裡，我一直被欺騙。全世界都知道我需要一位新的律師，我終於也意識到了這一點。是時候重新掌控我自己的人生了。

我聯絡我的社群媒體團隊和我的友人凱德幫我找一位律師。馬修・羅森加特（Mathew Rosengart）在這時受邀加入，他真了不起。他之前是知名的聯邦檢察官，現在隸屬一家大型律師事務所，他曾經為史蒂芬・史匹柏（Steven Spielberg）和基努・李維（Keanu Reeves）等許多名人客戶服務，他在處理高知名度、具有挑戰性的案件方面擁有豐富的經驗。我們通了幾次電話，七月初在我的泳池屋見面。一旦馬修加入我的陣營，我覺得我離監管令結束更近了。有些事情一定會發生，不能再維持不變。但當然了，由於我們面對的是法律體系，必然有很多等待，也要訂定戰略。

他對於我這麼長時間不能自己找律師感到很震驚。他說，即使是那些兇惡的罪犯也有權選擇自己的律師，他說他痛恨霸凌行為。我很高興他這麼說，因為我認為我的父親、露和羅蘋都是霸凌者，我希望他們從我的生活消失。

馬修說他會去法庭遞交文件，先解除我父親的監管權，之後再嘗試終止整個監管令會比較容易。才幾個星期之後，就在七月二十六日，他申請免除我父親的職務。九月二十九日那場重要的法庭聽證會後，我父親被暫停擔任我的監管人。馬修離開法庭，還來不及打電話給我，媒體就已經大肆報導了。

我感到全身一鬆。在我孩童時嚇唬我，在我成年後統治著我，那個比任何人更貶低我的自信的男人，現在不再掌控我的生活。

那一刻，隨著我父親被解職，馬修告訴我事情也開始動作了，他提出結束全部的監管令。

十一月，我人在大溪地的度假村，馬修打電話給我，說我不再受到監管令束縛。他在我動身出發前就跟我說，不久的將來，我就能在十三年來首次以一個自由女人的身份醒來。雖然如此，當他從法庭聽證會一出來就打電話給我，告訴我成功了的時候，我還是不敢置信。我自由了。

雖然是他的策略為我們贏得勝利，但他告訴我說發生的一切都要歸功於我。他說我提供的證詞解放了自己，可能也幫助了其他受困於不公平監護令的人。這麼長時間以來，我的父親把我做的一切都歸功於自己，聽到這個人跟我說我改變了自己的生活，這對我的意義大過一切。

而現在，我的生活終於是我自己的了。

在自己被控制過之後，我為那些無權決定自己命運的人所遭受的一切感到非常憤怒。

「說實話，我每一天都只是心懷感激……我來到世上不是為了當受害者，」監管令終止之後，我在IG上這麼說。「我的童年時期一直和受害者一起生活，這就是我離開家的原因。我工作了二十年，拼了命工作……希望我的故事能夠發揮影響力，改變腐敗的體系。」

那通電話過後的幾個月裡，我一天天努力重建我的生活。我正在努力學習如何照顧自己，同時也做一些開心的事。

在坎昆度假時，我總算騎了水上摩托車，這是我多年前喜歡做的事。上一次我玩水上摩托車是在邁阿密跟兒子們一起，當時我騎得速度太快，因為我想追上他們。那兩個孩子騎起水上摩托車真危險！他們騎得超級快，還會跳躍。我跟在他們身後穿越波浪，我騎得很猛，轟隆、轟隆，後來摔車，手臂還受傷。

由於不想重蹈覆轍，二〇二二年五月這次，我讓助理載我。我發現讓別人載的感覺好得多了。

這回我可以感受到引擎的動力，享受在清澈蔚藍水面上的快意，還可以依照我想要的速度前進。

這就是我現在正在做的事情。試著開心玩，試著對自己好一點，按照自己的節奏生活。這是很長一段時間以來，我第一次允許自己再次建立信任。

我每天都播放音樂。當我在家裡走來走去唱歌，我感到完全自由、完全放鬆、完全地快樂。歌聲聽起來是否完美，我不在乎。唱歌讓我感到自信和堅強，就像運動或祈禱一樣。（記住：舌頭就是你的劍。）能讓你心跳加快的事情都是好事。音樂就是這樣，此外還有與神的連結。這就是我心之所在。

在我可以全時段使用馬里布錄音室的時期，我喜歡固定去那裡。有一天，我創作了六首歌。對我來說，最純粹的音樂就是為自己做的音樂。我想過有一天我可能會再弄一間錄音室來玩玩，但我已經一段時間沒有考慮錄音了。

當我這輩子最欽佩的藝人艾爾頓．強爵士（Sir Elton John）邀我一起錄製歌曲，我改變了主意。他是我一直以來最喜歡的一位表演者。我大約十年前在奧斯卡獎派對上見過他，我們一見如故。

而現在，他以一則貼心不已的影片訊息跟我聯絡，問我是否有興趣合作演唱他最具代表性的一首歌。〈抱緊我〉(Hold Me Closer) 這首歌將會重新詮釋他的經典歌曲〈小舞者〉(Tiny Dancer)，改為對唱版本，其中也包含他其他幾首金曲的片段。

我感到萬分榮幸。艾爾頓．強跟我一樣也經歷了很多，而且都攤在公眾眼光下。因此他擁有無比的同情心，他的方方面面都是如此美麗。

這次合作的意義不只如此：小時候我在路易斯安納州往返舞蹈課和體操課的時候，我在車上聽的就是〈小舞者〉。

艾爾頓爵士人很親切，讓我感覺很自在。我們決定好錄製這首歌的日期之後，我就前往製作人位於比佛利山莊家中的錄音室。

錄音室位於房子的地下室。我從來沒有見過這樣的設置：這間錄音室完全開放，有吉他、鋼琴、音控台和音樂器材等等。我很緊張，因為這是近六年以來，外界第一次聽到我在新歌中的歌聲，但我對這首歌和對自己都有信心，所以我完全投入其中。

我站在麥克風前，加快了節奏，開始唱歌。幾個小時後完成了錄製。我剛和我最喜歡的一位藝人合唱錄製了一首我最喜歡的歌。歌曲發布前的幾個星期，我既興奮、焦慮又激動。

在監管令之前，我走上舞台，每個人都會看著我，等我發出表演開始的訊號。我會舉起食指表示，「來吧。」在監管令之下，我總是必須等其他人。他們會跟我說，「我們準備好之後會告訴你。」我感到他們對待我的方式彷彿我沒有任何價值，我痛恨那個感覺。

在監管令期間，他們讓我覺得自己很脆弱，很害怕。這是我在監管令之下付出的代價。他們大把大把地奪走了我的女人特質、我的劍、我的核心、我的聲音，以及我說「去你的」的能力。我知道這聽起來很糟糕，但這其中有一點很重要。不要低估自己的力量。

〈抱緊我〉在二〇二二年八月二十六日首播，到了八月二十七日，我們在四十個國家得到冠軍。這是將近十年來我的第一首冠軍單曲，也是在榜上停留時間最長的單曲。而且一切都按照我的條件，完全在我的掌控之下。粉絲說我的聲音在這首歌裡聽起來太棒了。把自己的作品與全世界分享是一件可怕的事。但在我的經驗裡，每次都值得。錄製〈抱緊我〉，在全世界推出，是個奇妙的經歷。那感覺不只是很好，而是棒透了。

在這個時間點，推動我的音樂事業不是我的重心。現在我要努力整頓自己的身心靈，專注在細微的小事，放慢腳步。現在是時候了，我不要再做別人期待的那個人，我要真正去發現自己。

隨著年齡漸長，我越來越喜歡獨處的時光。當藝人是很棒的，但在過去的五年裡，我不再像從前熱愛在現場觀眾面前表演。我現在為自己表演。當我獨自一人，我感覺更親近神。

我不是聖人，但我確實認識神。

我需要好好地探索真實的自我。這不會是個容易的過程，但我已經樂在其中。改變是好的。海山和我總是一起祈禱。我很敬佩他，他健身鍛鍊從不懈怠，永遠善良，保持身體健康，照顧我，幫助我學習如何照顧彼此。

他給了我很大的鼓舞，我非常感恩。監管令結束的時機對我們的關係來說是最完美的時機，我們能夠不受限地共同建立新生活，而且共結連理。我們的婚禮是一場美麗的慶祝會，我們一起經歷了那麼多，又是多麼深深地希望彼此過得快樂。

監管令結束的那天，我的心中五味雜陳：震驚、寬慰、歡欣、悲傷、喜悅。

我感到我的父親背叛了我，可悲的是，其他家人也背叛了我。我和妹妹原本應該是彼此的慰藉，但很可惜情況並非如此。當我對抗監管令受到大量媒體關注時，她寫了一本書趁機牟利，說了很多關於我的聳人聽聞的故事，很多都非常傷人而離譜。我真的很失望。

姐妹之間難道不是應該可以對彼此吐露自己的恐懼和弱點，無須擔心未來被當成精神不穩定的證據嗎？

我忍不住覺得她並不了解我經歷的一切。她似乎認為一切對我來說都輕鬆如意，因為我很年輕就大紅大紫，她把我的成功以及隨之而來的一切怪罪在我身上。

潔美．琳恩在我們家裡顯然也受過苦。她在破碎家庭中長大，我則沒有。看起來，父母沒有用心教養她，我也知道在姊姊的陰影之下，試著唱歌、演戲、走出自己的路有多困難，特別是她的姊姊不只得到家人的大部分關注，也得到全世界的關注。因為這種種的原因，我對她感到同情。

但我不覺得她真的知道在她出生之前我們家有多麼貧困。因為我改善了家裡的經濟狀況，在父親面前，她不需要像我和我的母親在一九八〇年代那樣無助。當你一無所有，無路可逃的痛苦會加劇。那時，我母親和我在不知道還有什麼去處的情況下，只能目睹醜陋和暴力。

潔美．琳恩永遠是我的妹妹，我愛她，也愛她美好的家人，我祝福她們一切順利。她一路走來也很辛苦，青少女時期懷孕，離婚，女兒險些死於意外。她談到了在我的陰影下長大的痛苦。我正在努力對於她還有所有我認為對不起我的人，多一點同情，少一點憤怒。這並不簡單。

我做了一些夢，夢見老瓊跟我說他知道他傷害了我的父親，然後父親又傷害了我。我感受到他的愛，也感受到他在另外那一邊的改變。希望有一天，我對其他家人的感覺也會變得好一點。

我的憤怒透過身體顯現出來，尤其是偏頭痛。

偏頭痛發作時我不想看醫生，因為這些年來看了一個又一個醫生，造成我對醫生產生了恐懼。所以我自己處理。關於偏頭痛，我不喜歡講得太多，因為我有個迷信，怕我越講就越受偏頭痛所苦。

偏頭痛一上來，我無法待在光線明亮的環境，也無法移動，只能在黑暗中一動也不動待著。任何光線都會讓我劇烈頭疼，我覺得自己痛到快要暈倒，真的就是那麼痛。我必須睡個一天半。其實到這陣子之前，我這輩子從來沒有頭痛過。以前我哥常常抱怨頭痛，我以為他誇大了疼痛嚴重的程度。現在我很抱歉自己曾經說過懷疑他的話。

對我來說，偏頭痛比病毒性腸胃炎更糟糕。感染病毒的情況下，你至少還可以正常思考，頭腦能夠幫助你決定想做什麼事，想看什麼電影。但是偏頭痛發作時，什麼事情都做不了，因為你的大腦沒有功能了。偏頭痛只是我解除監管之後所經歷的身體和情緒損傷的其中之一，我不覺得我的家人明白他們對我造成了實質的傷害。

十三年來，我被限制不能吃我想吃的東西，不能開車，不能隨心所欲支配我的金錢，不能喝酒，甚至不能喝咖啡。

自由自在地做我想做的事，讓我找回了我的女人特質。四十多歲的我嘗試做的一些事情，感覺起來像是初體驗。我覺得我內在的女人被壓抑了太久。

現在我終於恢復了生機。也許我真能在罪惡之城犯罪了。

ch.49

第四十九章

多年以來，我第一次開始體驗作為一個成年女性的豐富人生。我感覺自己好像在水底下待了好久好久，只有偶爾游到水面呼吸一口空氣，吃一點食物。重獲自由就是提示我可以踏上陸地了，我可以在任何時候去度個假，喝杯雞尾酒，駕駛汽車，去一個度假村，或者遙望大海。

我現在以天為單位過日子，並且試著感激生活中的小事。我很慶幸父親不再出現在我的生命裡。我不必再害怕他了。如果我的體重增加，我可以安心知道不會有人再對我大吼「妳必須改進！」。我又可以吃巧克力了。

父親不在我身邊強迫我吃他想叫我吃的東西，我的身體馬上就變強壯了，我的熱情也回來了。有了自信心，我又開始喜歡自己的樣子。我喜歡在ＩＧ上玩穿搭。

我知道很多人不懂為什麼我喜歡拍自己裸體或穿新衣服的照片。但我想，如果他們也曾經被其他人拍攝過成千上萬次，被擺弄出其他人認可的姿勢，他們就會明白，當我擺出自己覺得性感的姿勢，拍攝自己的照片，做我想做的任何事，這些都讓我很快樂。我赤裸裸地出生在這個世界，說老實話，我感覺肩上承受了整個世界的重量。我希望看到自己變得更輕鬆、更自由。還是個小嬰兒的時候，未知的人生就在我的眼前。這就是我現在的感覺：一個新的開始。

我真的有重獲新生的感覺。我在家裡邊唱歌邊走來走去，就像我小時候一樣，我享受聲音離開我的身體，又盪回到身上的感覺。我找回了當初想唱歌的原因，再一次感受到那種快樂。這種感覺對我來說是神聖的，我唱歌是為了自己，而不是為了別人。

不斷有人問我何時要再演出。我承認，我正為了這個問題而困擾。現在我像年輕時享受唱歌跳舞，不是為了家人的利益，也不是為了得到什麼，而是為了我自己，為了我對唱歌跳舞那份真正的熱愛。

現在我才覺得我慢慢重新建立了對他人的信任，以及對神的信心。我知道什麼事物能帶給我快樂和喜悅。我試著觀想那些地方，那些想法，進而體驗快樂和喜悅。我愛美麗的地方，愛我的兒子，我的丈夫，我的朋友，我的寵物。我愛我的粉絲。

說到粉絲，有時我會被問到我與同志社群的特殊關係。

對我來說，一切都跟愛有關，而且是無條件的愛。我的同志朋友總對我非常保護，也許是因為他們知道我有點天真。我不是傻，而是我人太好了。我也認為我身邊許多同志朋友扮演了支持的角色。甚至在舞台上，我也感受到他們的支持。當我覺得自己的表現不是最好，我知道朋友們肯定能意識到我對自己不滿意，他們仍然會說，「妳做得很好！」這樣的愛對我來說意義重大。

我記憶中最美好的幾個夜晚，是我和舞者一起出去玩的時候。有一次在歐洲，我們去了一家同志夜店，在舞池的每個人感覺都超級高。夜店播放很棒的電音舞曲，我很喜歡。我一直跳到早上六點，但感覺好像只過了兩秒鐘。我的心如此有活力。那次很像在亞利桑那州（Arizona）的神秘時光，跟我能感覺到無條件愛我的人在一起，是一種靈性的體驗。和這樣的朋友在一起，你做什麼、說什麼、認識誰都不重要。這就是真愛。

我也記得還有一次在義大利，我去參加一場秀，有一些變裝藝人正在表演我的歌曲。他們表演得很好很棒，那些藝術家都很美。他們活在當下，我看得出來他們熱愛表演。我尊敬那樣十足的熱情和動力。

擺脫監管令之後，我就可以去我心心念念的兩個度假勝地，茂伊島和坎昆。我在大海裡游泳，坐在戶外曬太陽，跟我新養的小狗索耶（Sawyer）一起玩，和海山一起搭船遊覽。我讀了很多書，也寫了這本書。在旅行時，我發現自己懷孕了。多年來我一直想再生一個孩子，很長一段時間以來，海山和我也渴望建立自己的家庭。我欣賞他的穩定，愛他滴酒不沾。他是神賜的禮物。當我發現我跟他即將要有一個孩子，我開心到飄飄然。

同時我也害怕。我懷尚恩・普雷斯頓和傑登的時候深受憂鬱症所苦。我這次懷孕，很多方面感覺類似，我有一點點噁心，對食物和性愛的胃口都很好，所以我擔心憂鬱症是否也會復發。我的確感覺有點遲鈍，我比較喜歡保持敏銳和警覺。但我現在的生活比從前好多了，身邊很多支持，我有信心自己能度過難關。

未滿三個月的時候，我流產了。懷孕時，太開心的我告訴了全世界，也就是說，我現在只好把失去孩子的消息再告訴大家。我們在IG上發文：「我們懷著最深切的悲傷在此宣布，我們在懷孕初期失去了我們的奇蹟寶寶。這對任何爸媽而言都是一個悲痛的時刻。也許我們應該等到孕期後面再宣布，但我們實在太興奮了，所以急著分享好消息。我和海山之間的愛是支持彼此的力量，我們將繼續努力擴大我們美麗的家庭，感謝大家的支持。在這個困難的時刻，懇請各位尊重我們的隱私。」

失去孩子令我悲痛萬分。但我再次藉由音樂來幫助我得到洞見和新的視角。我所唱或跳的每一首歌，讓我訴說一個不同的故事，也給我一種新的解脫方式。我在手機上聽音樂，有助於我應對成年人面對的憤怒和悲傷。

現在我盡量不去想我的家人，但我的確想知道他們會怎麼看待這本書。因為我被噤聲了十三年，我想知道當他們看到我發聲，是否偶爾會覺得也許她說得沒錯。我相信他們有愧疚的心，深知他們對我做的事情是非常非常不對的。

這麼多年來，我一直被迫按照別人的要求行事，被人以特定方式對待，我漸漸意識到我喜歡和什麼樣的人在一起，不喜歡和什麼樣的人在一起。很多媒體在過去對我很殘酷，這一點並沒有因為我脫離監管令而改變。關於我的現狀有很多猜測，我知道我的粉絲關心我。我現在是自由的，我只是在做自己，努力療癒。我終於可以按照自己的意願行事了，而且我不會把這點當作理所當然。

自由意味著可以在社群媒體上耍呆耍笨，玩得開心。自由意味著暫時關閉 I G 也不會有人報警。自由意味著能夠犯錯並從中學習，自由意味著我不必為台上或台下的任何人表演。自由意味著我可以像其他人一樣不完美而美麗，自由意味著我有能力和權利，以自己的方式、按照自己的條件尋找快樂。

我花了很長時間和很多努力，才感覺準備好了，可以說說我的故事。我希望它在某種程度上能夠帶來激勵，觸動心靈。自從我重獲自由以來，我必須建立一個完全不同的身分。有幾次我還得這麼提醒自己，等一下，這是我以前的樣子，一個被動討喜的人，一個女孩。而這是現在的我：堅強自信，一個女人。

還是個小女孩的時候，躺在鄰居花園裡溫暖的石頭上，我有遠大的夢想。我感到平靜，一切在掌握之中。我知道我可以實現我的夢想。很長一段時間以來，我並不總是有能力讓世界變得如我所願，但現在我在很多方面都做到了。我無法改變過去，但我不必再感到孤獨或害怕。從我小時候在路易斯安納州森林裡漫步到如今，我經歷了太多。我創作了音樂，環遊世界，成為母親，找到愛，失去愛，又重新找到了愛。我已經好一段時間沒有真正感受自己的生活、自己的力量和自己的女人身分。但是現在我回來了。

acknowledgements

致謝

有追蹤我的ＩＧ帳號的人，你們以為我會用表情符號寫完這本書是吧？

感謝辛苦工作的團隊，協助我的回憶錄問世，包括：凱德．哈德森（Cade Hudson）、馬修・羅森加特、凱特．霍伊特（Cait Hoyt）、我的合作者（你知道你是誰），以及珍妮佛・伯格斯卓姆（Jennifer Bergstrom）、勞倫・史匹格（Lauren Spiegel）還有畫廊圖書（Gallery Books）所有人。

感謝我的粉絲：你們永遠擁有我的愛和感恩的心。這本書是獻給你們的。

NEW BLACK 28
書名：真我布蘭妮
原書名：The Woman in Me
作者：布蘭妮·斯皮爾斯 Britney Spears
譯者：李佳純、薄文承
堡壘文化有限公司
總編輯：簡欣彥　行銷企劃：曾羽彤、游佳霓、黃怡婷
副總編輯：簡伯儒　封面設計：萬勝安
責任編輯：簡伯儒　內頁構成：覓蠹設計室

出版：堡壘文化有限公司
發行：遠足文化事業股份有限公司（讀書共和國出版集團）
地址：231新北市新店區民權路108-2號9樓
電話：02-22181417　傳真：02-22188057
Email：service@bookrep.com.tw
郵撥帳號：19504465 遠足文化事業股份有限公司
客服專線：0800-221-029
網址：http://www.bookrep.com.tw
法律顧問：華洋法律事務所 蘇文生律師
印製：韋懋實業有限公司
初版1刷：2024年4月
定價：新臺幣 500 元
ISBN 978-626-7375-68-6

國家圖書館出版品預行編目（CIP）資料

真我布蘭妮／布蘭妮.斯皮爾斯（Britney Spears）著；
李佳純, 薄文承譯. -- 初版. -- 新北市：堡壘文化有限公司
出版：遠足文化事業股份有限公司發行, 2024.04
272面；14.8*21公分. --（New black；28）
譯自：The woman in me
ISBN 978-626-7375-68-6（平裝）

1.CST: 斯皮爾斯（Spears, Britney.）
2.CST: 歌星 3.CST: 傳記 4.CST: 美國

785.28　113002678